John Lennox

David Gooding

Wer glaubt muss denken

dLv

Christliche
Literatur-Verbreitung e.V.
Postfach 11 01 35 · 33661 Bielefeld

Zu den beiden Autoren:

David Gooding MA PhD Professor Emeritus für alttestamentliches Griechisch an der Queen's University, Belfast, ist ein Mitglied der Royal Irish Academy. Professor Gooding ist ein gefragter Lehrer der Bibel und reist zu diesem Zweck in viele Länder. Neben seinen akademischen Werken ist er auch Autor von lebendigen und hilfreichen Auslegungen über das Lukasevangelium, die Apostelgeschichte und den Hebräerbrief.

John C. Lennox Ma PhD DSc ist in der Forschung am Green College an der Universität von Oxford und am Whitefield Institut tätig. Er ist Autor von zahlreichen akademischen Werken in seinem Fachgebiet Mathematik und bereist viele Länder für Lehrvorträge über Mathematik, Apologetik und die Bibel.

1. Auflage 1998

© der Originalausgabe 1997
und der deutschen Ausgabe 1998
by Myrtlefield Trust, 8 Forest Hill, Conlig;
Newtownards, Co. Down; N. Ireland, BT23 3FH
Übersetzung: Gabriele Lippa, Andreas Lindner
Satz: CLV Bielefeld
Umschlag: Dieter Otten, Gummersbach
Druck und Bindung: Elsnerdruck Berlin

ISBN 3-89397-404-0

Inhalt

Vorwort

Dieses Buch enthält mehrere Artikel von David Gooding und John Lennox, die ursprünglich in verschiedenen russischen Zeitschriften erschienen sind: in *Poisk* („Suche"), der Zeitschrift der Akademie der Wissenschaften, in *Literaturnaya Gazeta* („Die Literaturzeitschrift") und anderen. Einige Bekannte fanden die Artikel hilfreich und haben uns gebeten, sie auch auf Deutsch zu veröffentlichen, um sie einem weiteren Leserkreis zur Verfügung zu stellen. Für die deutsche Ausgabe wurden die Artikel leicht überarbeitet, dennoch bitten wir die Leser, sich von Zeit zu Zeit daran zu erinnern, dass es sich ursprünglich um Aufsätze für Zeitschriften handelte, mit all den daraus folgenden Restriktionen bezüglich Länge, Stil usw. Wir hoffen, dass sie sich im deutschen Sprachraum in vielen Situation bewähren werden.

Die erste Auflage dieses kleinen Buches hat sich für mehr als eine halbe Million Leser in vielfacher Hinsicht als hilfreich erwiesen. Viele von ihnen haben uns gechrieben und von Schwierigkeiten berichtet, die ihnen im Wege stehen, die christliche Botschaft anzunehmen. Diese Ausgabe stellt sich einigen dieser Fragen offen und ehrlich und will zeigen, dass diese Schwierigkeiten nicht unüberwindlich sind und dass es einen intellektuell akzeptablen Weg zu Gott gibt: durch einen persönlichen Glauben an Jesus Christus.

David Gooding, Belfast
John Lennox, Oxford
1998

Die Naturwissenschaft und der Glaube an einen Schöpfer

Der verbreitete Eindruck, dass relativ wenige Naturwissenschaftler an Gott glauben, ist falsch. Eine neuere Umfrage (1996), die in dem angesehenen Wissenschaftsjournal „Nature" veröffentlicht wurde, zeigt: Von 1000 Wissenschaftlern in den USA glauben 40% nicht nur an Gott, sondern sogar an einen persönlichen Gott, der auf Gebet antwortet. Diese Befragung wurde in exakt derselben Weise auch 1916 durchgeführt. Tatsächlich haben sich in den letzten 80 Jahren die Proportionen nicht verschoben, außer dass heute etwas weniger Physiker glauben und dafür etwas mehr Biologen als damals. Einer der drei Physik-Nobelpreisträger von 1998 ist ein aktiver Christ.

Das Ergebnis der Umfrage sollte uns nicht überraschen. Denn schließlich bildete der Glaube an einen Schöpfer den Ausgangspunkt für die moderne Wissenschaft. Einer der herausragendsten Historiker unseres Jahrhunderts, Sir Alfred North Whitehead, sagte dazu: „Die Menschen begannen wissenschaftlich zu forschen, weil sie Gesetze in der Natur erwarteten, und sie erwarteten Gesetze in der Natur, weil sie an einen Gesetzgeber glaubten." Man hatte die Überzeugung, dass Gott eine geordnete Welt erschaffen hatte und dass diese Ordnung von rationalen menschlichen Wesen erfasst werden kann, die selbst im Ebenbild Gottes erschaffen worden sind. Diese Überzeugung motivierte viele herausragende Größen der Wissenschaft wie Kepler, Pascal, Boyle, Newton, Faraday, Mendel, Pasteur, Kelvin und Clark-Maxwell. Sie alle hätten mit Einstein übereingestimmt, der sagte: „Wissenschaft ohne Religion ist lahm, Religion ohne Wissenschaft ist blind."

Alle wissenschaftlichen Bemühungen gründen sich auf die rationale Verständlichkeit des Universums. Aber wir sind so an dieses Vertrauen auf die Gültigkeit der verbalen und mathematischen Gedanken gewohnt, dass wir manchmal übersehen, welch unüberwindbares Problem dadurch für den Atheismus entsteht. Der Atheismus ist doch an die materialistische Philosophie gebunden, wonach die Naturkräfte, die für die Existenz des Universums und der rationalen Intelligenz verantwortlich sind, blind und ziellos seien und eigentlich alles auf sich zufällig bewegende Atome reduziert werden könne. Professor Haldane, in Wirklichkeit selbst ein Atheist, hat die Schwierigkeit schon vor langem eingestanden: „Wenn meine Gedankenprozesse nur von der Bewegung der Atome in meinem Gehirn bestimmt werden, dann habe ich keine Grundlage für die Annahme, dass meine Überzeugungen wahr sind. Insbesondere habe ich keine Grundlage für die Annahme, dass mein Gehirn aus Atomen besteht." Mit anderen Worten: Wie können wir (in der Wissenschaft und allen anderen Bereichen) Gedanken trauen, wenn sie nur das Ergebnis eines Zufalls sind? Auf diese Weise zerstört der konsequente materialistische Wissenschaftler die Grundlage seiner Wissenschaft. Wie C. S. Lewis es ausdrückte: „Er ist wie jemand, der den Ast absägt, auf dem er sitzt."

Einsteins Bemerkungen dazu bringen Licht in die Sache: „Die Überzeugung, dass das Universum mit allem, was existiert, mit dem menschlichen Verstand erfassbar sei und dass die darin geltenden Gesetze rational seien, gehört zum Bereich der Religion. Ich kann mir keinen Wissenschaftler vorstellen, der diese tiefe Überzeugung nicht teilt." So ist also der Glaube an einen rationalen Schöpfer keineswegs absurd, sondern steht völlig im Einklang mit unserer Wahrnehmung der Ordnung in der Welt.

„Im Anfang schuf Gott die Himmel und die Erde." Diese bekannten Anfangsworte der Bibel sollten den Wissenschaftler besonders faszinieren. Denn die Behauptung der Bibel, dass das Universum einen Anfang hatte, steht in völligem Kontrast zu den überholten marxistischen Theorien und findet beachtliche Unterstützung in neueren wissenschaftlichen Arbeiten. Natürlich geht die öffentliche Faszination von den Ursprüngen zum Großteil auf die Flut von Veröffentlichungen zurück über verschiedene wissenschaftliche Versuche, den Begriff des Anfangs überhaupt zu verstehen. Die bekannteste dieser Veröffentlichungen ist vielleicht Stephen Hawkings Buch „Eine kurze Geschichte der Zeit". Obwohl Carl Sagan im Vorwort Hawkings Buch beschreibt als ein Buch über „Gott … oder vielleicht über die Nichtexistenz Gottes", hat Hawking selbst geschrieben: „Unser derzeitiger Wissensstand steht völlig im Einklang mit der Aussage, dass es ein Wesen gibt, das für die physikalischen Gesetze verantwortlich ist."

Ein Aspekt des Anfangs, der sehr viel wissenschaftliche Aufmerksamkeit auf sich gezogen hat, ist das unglaublich fein eingestellte Gleichgewicht der beteiligten Fundamentalkräfte. Der bekannte Physiker Paul Davies beschreibt zum Beispiel, dass das Gleichgwicht zwischen der Schwerkraft und der schwachen Kernkraft mit einer Genauigkeit von $1:10^{40}$ abgestimmt sein muss, damit wir eine Welt wie die unsere haben. Er sagt, dass es sich dabei um dieselbe Genauigkeit handelt, die ein Scharfschütze brauchen würde, um ein 1 cm großes Ziel zu treffen, das sich am anderen Ende des beobachtbaren Universum befindet, 20 Millionen Lichtjahre entfernt! Seine Reaktion: „Man kann sich kaum des Eindrucks erwehren, dass es etwas gibt – einen Einfluss, der die Raumzeit und die Beschränkungen der relativistischen Kausalität übersteigt –, das bei der Entstehung des Kosmos einen Überblick über den gesamten Kosmos hatte und all die kausal voneinander unabhängigen Teile so manipulierte, dass sie mit fast genau derselben Energie und zur selben Zeit explodierten und dennoch nicht so exakt koordiniert waren, dass die geringfügigen, kleinen Unregelmäßigkeiten unterbunden worden wären, die schließlich das Universum – und uns – gebildet haben."

Auch Sir Fred Hoyle glaubt anscheinend an eine alles lenkende „Superintelligenz": „Das Universum ist offensichtlich eine abgekartete Sache. Es gibt zu vieles, was zwar wie durch Zufall entstanden aussieht, es aber nicht ist. Eine vernünftige Interpretation der Tatsachen legt den Gedanken nahe, dass eine Superintelligenz mit Physik, Biologie und Chemie jongliert hat und dass es in der Natur keine blinden Kräfte gibt, die der Rede wert wären."

Die vielleicht wichtigste Übereinstimmung zwischen Wissenschaft und Bibel hat mit der Methode der Schöpfung zu tun. Natürlich ist die Bibel kein naturwissenschaftliches Lehrbuch. Sie hat uns viel mehr über den Zweck der Schöpfung zu sagen (die Antwort auf das „Warum?") als über die Vorgänge der Schöpfung (die Antwort auf das „Wie?"). Trotzdem liefert sie einige sehr wichtige Beiträge zur Frage nach dem „Wie?".

Das 1. Buch Mose beschreibt die Schöpfung und das Organisieren des Kosmos in einer Folge von „Tagen". An dieser Stelle sehen einige 1. Mose nicht mehr als ernst zu nehmendes historisches Zeugnis an, weil sie denken, es repräsentiere die Schöpfung als ein Ereignis von sieben Tagen und stehe damit im Konflikt mit ihren Vorstellungen vom Alter der Erde. Ein sorgfältiges Studium von 1. Mose zeigt jedoch, dass es sich um ein hochgradig geniales historisches Zeugnis handelt. Wenn man die Bedeutungsspanne des Wortes „Tag" im Text berücksichtigt, zusammen mit dem Fehlen des definitiven Artikels im Hebräischen (für die ersten fünf Tage), zeigt sich, dass es eine Anzahl von legitimen alternativen Interpretationen gibt, einschließlich der Möglichkeit, dass zwischen den Tagen eine nicht spezifizierte Zeitperiode liegt, in der sich das Potential entfaltete, das Gott an dem Tag gegeben hatte. Das ist ein interessantes Thema, aber der Platz reicht hier nicht, um es jetzt weiter zu entwickeln.

Das Wichtige wäre nach der Bibel also nicht so sehr das Alter der Universums, sondern das, was zu jedem Schritt der Schöpfung gehörte. Jeder Schritt wird eingeleitet durch den Ausdruck „Und Gott sprach". Dieser Gedanke wird im Neuen Testament wiederholt und betont: „Im Anfang war das Wort … und das Wort war Gott … Alles wurde durch ihn …" (Johannes 1,1-3); „Durch Glauben verstehen wir, das die Welt durch Gottes Wort bereitet worden ist, also das, was man sieht, aus Unsichtbarem entstanden ist" (Hebräer 11,3). Worte sind Informationsträger und die Bibel behauptet also, dass zum Schöpfungsprozess die Zufuhr von Information (und Energie) gehört. Diese Behauptung ist faszinierend im Licht von der relativ neu entdeckten Tatsache, dass zum Beispiel eine lebende Zelle nicht einfach aus Materie besteht, sondern aus Materie, die ein enorm komplexer Datenträger für Information ist. Wenn die Bibel nicht Gottes Wort ist, sondern eine primitive Erfindung, wie manche denken, so gibt es in der Tat ein reales Problem zu erklären, wie die Bibel zu derart tiefen Erkenntnissen gekommen ist, die in solcher Harmonie mit dem wissenschaftlichem Verständnis stehen.

Die Grundfrage der Biologie ist, wo die genetische Information herkam. Die biblische Antwort stimmt mit unserer Erfahrung überein und diese sagt aus, dass die Informationsquelle ein intelligenter Schöpfer ist. Wenn jedoch die Existenz eines Schöpfers geleugnet wird, gibt es nur eine weitere logische Alternative und die wird vom Materialismus bevorzugt: Die Materie hat letzten Endes eine innewohnende Kraft, sich selbst zu organisieren und somit all die unzähligen komplexen Lebensformen hervorzubringen, die wir kennen. Die Wissenschaft selbst stellt diese Theorie in Frage.

Ich gebe zu, dass Berechnungen der mathematischen Wahrscheinlichkeit bekanntlich schwierig sind, aber nichtsdestoweniger bleibt die Tatsache bestehen, dass schwerwiegende Indizien gegen die Hypothese der Selbstorganisation sprechen. Das wurde aus vielen Quellen demonstriert in Dean Overmans Buch „A Case Against Accident and Self Organisation" (1998). Das Buch beinhaltet zum Beispiel die Berechnungen von Sir Fred Hoyle und Chandra Wickramasinghe, die zeigen: Die Wahrscheinlichkeit, dass sich ein einziges Bakterium durch einen zufälligen Prozess selbst zusammengesetzt hat, beträgt ungefähr $1 : 10^{40.000}$ (im ganzen Universum schätzt man insgesamt nur 10^{80} Protonen). Hubert Yockey, der Autor des einflussreichen Buches „Information Theory and Biology" sagt, Hoyle sei viel zu optimistisch, und kommt zu dem Schluss: „Das Leben ist einfach nicht durch Zufall entstanden." Tatsächlich hat auch Sir Francis Crick, Mitentdecker der Doppelhelix-Struktur der DNS, gesagt: „Die Schwierigkeiten mit der Entstehung des Lebens sind derart zahlreich, dass sie fast ein Wunder zu sein scheint."

In seinem Buch „Der Ursprung der Arten" schrieb Charles Darwin: „Wenn bewiesen werden könnte, dass irgendein komplexes Organ existiert, dass unmöglich durch viele aufeinanderfolgende kleine Modifikationen entstanden sein kann, würde meine Theorie vollkommen zusammenbrechen." Michael Behe demonstriert in seinem Buch „Darwins Black Box" (1997), dass es in der Natur viele molekulare Maschinen gibt, die so eine „irreduzible Komplexität" besitzen. Ein Beispiel ist der unglaublich kleine elektrische Motor, durch den Bakterien schwimmen können. Keine darwinistische Erklärung kann für die Entstehung einer solchen Maschine gegeben werden, nicht einmal theoretisch, meint Behe. Außerdem hat Prof. Siegfried Scherer, Mikrobiologe an der TU München, ausgerechnet, dass die Wahrscheinlichkeit der evolutionären Entstehung eines derartigen Motors – sogar von einem nur etwas primitiveren – in der gesamten Erdgeschichte nur $1 : 10^{29}$ beträgt, also undenkbar klein ist.[1]

Gegen die Vorstellung, dass die genetische Information von einer intelligenten Quelle stammt, gibt es Widerstand. Einige Wissenschaftler befürchten, dies sei eine anti-intellektuelle Position, die Gott als Lückenbüßer heranziehe, d. h. man setze Gott zur Erklärung all dessen ein, wozu man zu faul ist es mit materialistischen wissenschaftlichen Mittel zu erklären. Diese Wissenschaftler befürchten, dies würde zu einem Ende der Wissenschaft führen. Doch diese Furcht ist unberechtigt, wie die folgenden Beispiele illustrieren:

1. Denken Sie einmal an gedruckte Worte auf Papier. Durch die chemische Untersuchung von Papier und Farbe kann man nicht einmal entdecken, dass die Worte eine Botschaft enthalten. Der Gedanke, dass die Form der Buchstaben von jemanden entwickelt wurde, ist in den Erklärungsmöglichkeiten von Chemie und Physik eine „Lücke" („Singularität" oder

---

[1] Das Buch von Reinhard Junker und Siegfried Scherer „Evolution – ein kritisches Lehrbuch" empfehlen wir sehr für alle, die sich näher mit diesem Thema beschäftigen möchten (Weyel Verlag, Gießen, 1998).

„Diskontinuität" mögen bessere, weniger emotionale Begriffe sein). Wir könnten es sogar eine „gute" Lücke nennen, weil sie uns dazu bringt, eine Erklärung auf höherer Ebene zu suchen, in Form einer intelligenten Eingabe durch einen Drucker. Nobelpreisträger Sperry hat auf folgende Weise die Schwachseite der reduktionistischen Erklärungen beschrieben: „Die Bedeutung der Botschaft kann man nicht in den chemischen Bestandteilen von Papier und Farbe finden."

2. Was man von der Suche nach außerirdischer Intelligenz, in welche wissenschaftliche Organisationen Millionenbeträge investiert haben, an sich auch halten mag, so ergibt sich daraus doch eine höchst interessante Frage: Woran kann man erkennen, dass ein empfangenes Signal von einer intelligenten Quelle stammt und es sich nicht einfach um zufällige Hintergrundgeräusche des Funkverkehrs handelt? Man argumentiert, dass man intelligente Sender zumindest erkennen *kann*. Der Grund dafür ist, dass eine intelligente Botschaft nicht nur geordnet ist, sondern auch die Art von Komplexität aufweist, die für Sprache charakteristisch ist. Deshalb kann eine Botschaft, auch wenn sie von Außerirdischen käme, an der Art ihrer Komplexität wissenschaftlich erkannt werden. Yockey vergleicht die Komplexität von DNS mit geschriebener Sprache und sagt: „Es ist wichtig zu verstehen, dass wir keine Analogieschlüsse ziehen. Die Sequenzhypothese (dass die DNS im Wesentlichen wie ein Buch funktioniert) kann man sowohl direkt auf das Protein und den genetischen Text anwenden wie auch auf geschriebene Sprache und deshalb ist deren Handhabung mathematisch identisch."

Da sich das so verhält, könnte man natürlich fragen: Warum betrachtet man es als unwissenschaftliches „Lückenfüller-Gott"-Argument, wenn man eine intelligente Quelle (den Schöpfer) postuliert, um den Ursprung der spezifischen Komplexität der DNS zu erklären? Warum wird dabei genau dasselbe Argument als wissenschaftlich betrachtet (und nicht als „Lückenfüller-Außerirdische"-Argument!), wenn eine intelligente Quelle für eine Nachricht aus dem All postuliert wird? Diese Inkonsequenz offenbart, wo das eigentliche Problem liegt: auf der Ebene der Philosophie, die hinter der Wissenschaft steht.

Der weltberühmte Genetiker Richard Lewontin von der Harvard-Universität ist atemberaubend ehrlich, wenn er uns berichtet: „Unsere Bereitschaft, wissenschaftliche Behauptungen zu akzeptieren, die dem gesunden Menschenverstand widersprechen, ist der Schlüssel zum Verständnis des eigentlichen Kampfes zwischen Wissenschaft und dem Übernatürlichen. Wir stellen uns auf die Seite der Wissenschaft, trotz der offenkundigen Sinnwidrigkeit einiger ihrer Konstruktionen … trotz der Toleranz der wissenschaftlichen Gesellschaft für unbewiesene Märchen, weil wir eine Vorentscheidung getroffen haben für … Materialismus. Nicht dass die Methoden der Wissenschaft uns irgendwie dazu bringen würden, eine materialistische Erklärung der sichtbaren Welt anzunehmen, ganz im Gegenteil: Weil wir materialistische Ursachen vorziehen, sind wir gezwungen, eine Forschungsmethodik und eine Reihe von Begriffen zu schaffen, die materialistische Erklärungen hervorbringen, egal wie sehr sie sich gegen die Erkenntnisse richten, egal wie mystisch sie für den Uneingeweihten klingen mögen. Darüber hinaus ist der Materialismus absolut, denn wir können keinen göttlichen Fuß in der Tür zulassen." (1997)

Diese aufschlussreiche Aussage eines prominenten Mitglieds des wissenschaftlichen Establishments ist weit entfernt von der verbreiteten naiven Meinung, die Wissenschaft sei unparteiisch und würde vorurteilslos den Ergebnissen von Experimenten folgen, wohin diese auch führen mögen. Für Lewontin kommt zuerst das Bekenntnis zum Materialismus, dann folgt die Wissenschaft. Wenn man aber seine Wissenschaft so gestaltet, dass man nie in Gefahr gerät, eine göttliche Fußspur zu entdecken, dann wird man natürlich tatsächlich nie eine entdecken. Aber dadurch bleibt die Frage völlig offen, ob nun göttliche Fußspuren existieren. Und genau das wird auf Grund dieser Theorie abgestritten!

Göttliche Fußspuren existieren. Tatsächlich informiert uns die

Bibel darüber, dass es mindestens drei Ebenen gibt, auf denen Gott in die Natur eingreift. Zuerst einmal die Tatsache, dass er „alle Dinge durch das Wort seiner Macht trägt" (Hebräer 1,3); ohne dieses Erhalten würde das Universum aufhören zu existieren. Deshalb ist das ganze Universum so eine göttliche Fußspur: Die Schönheit und Vielseitigkeit und Regelmäßigkeit darin zeigen Gottes Herrlichkeit. Außerdem benutzt Gott zu bestimmten Zeiten die Vernetzung von Ursache und Wirkung, um eine besondere Demonstration seiner Macht zu geben, wie damals, als er das Rote Meer mittels eines starken Windes teilte, um den Auszug aus Ägypten zu ermöglichen. Schließlich gibt es jene Ereignisse, wo Gott etwas ganz Neues einbringt, das nicht in Begriffen natürlicher Prozesse erklärt werden kann, die vor dem Auftreten wirksam waren. Dazu gehört die schrittweise Zugabe von Information (und Energie) bei der Schöpfung, aber ganz besonders bei der Menschwerdung, die folgendermaßen beschrieben wird: „Das Wort wurde Fleisch und wohnte unter uns" (Johannes 1,14), und auch bei der Auferstehung von Jesus. Glaube an Gott, den Schöpfer, ist weit davon entfernt, die Wissenschaft zu behindern, sondern erfüllt sie und das gesamte Leben mit einer neuen Vitalität. Denn die Tatsache, dass ich im Bild Gottes erschaffen wurde, gibt mir und jedem anderen Menschen eine unendlich große Bedeutung. Im völligem Kontrast zu der Hoffnungslosigkeit des Atheismus bietet die Bibel eine glaubwürdige und zufriedenstellende Hoffnung für die Zukunft an, für mich als Individuum und für die Welt als Gesamtheit. Diese Hoffnung wird das Thema des nächsten Kapitels sein.

Die Bibel und meine Hoffnung
für die Zukunft

Im Jahre 1991 hielt Professor Stephen Hawking aus Cambridge einen Vortrag über Darwinismus mit dem Titel „Die Zukunft des Universums". Darin erinnert er uns, dass in 5 Milliarden Jahren der Kernbrennstoff unserer Sonne aufgebraucht sein wird. Die Sonne wird sich dann zu einem roten Stern mit riesigem Ausmaß entwickelt haben, der während dieses Prozesses die Erde verschlungen hat. Hawking hoffte, dass die Menschheit bis dahin ihr Überleben durch die Kunst des Reisens zwischen den Sternen sichergestellt haben würde. Die Wissenschaft, der wir einen enormen technologischen Fortschritt verdanken, stellt auf diese Weise diesen Fortschritt paradoxerweise durch das Todesgeläut über dem Sonnensystem in Frage.

Einige mögen argumentieren: Wenn der Tod der Sonne erst in 5 Milliarden Jahren sein wird, dann lohnen sich die zwischenzeitlichen Bemühungen um Fortschritt immer noch. Zugegeben, aber das lässt die weitaus wichtigere persönliche Frage nach dem eigentlichen Sinn für den Einzelnen unbeantwortet. Es gibt viele utopische politische und soziale Theorien, die uns auffordern, Opfer zu bringen und für ein herrliches, zukünftiges Paradies zu arbeiten, das eines Tages anfangen wird. Die gleichen Theorien aber sagen voraus, dass die Menschen dieser Generation dieses Paradies niemals genießen können, weil die Menschen vorher sterben werden. Was hilft das mir und meinen Mitmenschen und den vielen Millionen von Menschen der vorhergehenden Generationen?

Sicherlich kann die Wissenschaft selbst – aufgrund der ihr eigenen Natur – diese Fragen nicht beantworten. Aber wenn es einen Schöpfer-Gott gibt, wie schon im vorhergehenden Kapitel behauptet wurde, dessen Fußspuren wir anhand von elementaren Merkmalen im Universum erkennen können – dann ist der Gedanke nicht unlogisch, dass er daran interessiert sein könnte, mit uns in Verbindung zu treten und uns dabei den Grund für unser Dasein erklären möchte. Ich bin überzeugt, dass er genau das in der Bibel getan hat. Die Bibel sagt uns, dass der Mensch „im Ebenbild Gottes geschaffen wurde", um sich die Erde in verantwortungsvoller Weise untertan zu machen (1. Mose 1). Gott schuf den Menschen mit der Fähigkeit, durch Christus in eine persönliche und individuelle Beziehung zu Gott zu kommen (Johannes 1,12), die noch über den Tod hinausgeht (Lukas 23,43; Philipper 1,23). Die Menschen, die Christus vertrauen, obwohl sie gefallen und jetzt noch sündig sind (1. Johannes 1,8), sind zuvorbestimmt, dem Bilde des Sohnes Gottes gleichförmig zu werden (Römer 8,29). Sie werden eines Tages mit ihm zusammen die erlöste und neue Schöpfung verwalten (Hebräer 2,5ff). Diese Sicht ist dem trostlosen Pessimismus des Atheismus bei weitem vorzuziehen. Der Atheismus entwürdigte den Menschen, indem er ihn zu einem bedeutungslosen Nebenprodukt von zufälligen Kräften erniedrigte. Diese zufälligen Kräfte wissen nicht einmal, dass sie den Menschen erschaffen haben und sind sich nicht bewusst, dass sie den Menschen nach einigen wenigen Jahren in eine Ewigkeit des Nichts fallen lassen.

Die Sicht der Bibel ist offensichtlich auch der Idee vorzuziehen, dass das materielle Universum im Grunde genommen böse ist und dass es unsere eigentliche Aufgabe ist, uns in ein unpersönliches Nirwana zu flüchten. Die Bibel bestätigt, dass Materie gut ist und verspricht uns, dass letzten Endes die Erde wiederhergestellt und dann dem Zweck dienen wird, für den sie ursprünglich geschaffen wurde. Die Bibel gibt uns somit die Hoffnung, dass der menschliche Fortschritt nicht sinnlos ist (Römer 8,21). Im Bereich der internationalen Beziehungen wird außerdem die Verheißung erfüllt werden, das der Prophet Micha einst von Gott bekam. Diese Verheißung appelliert so unwiderstehlich an das menschliche Herz, dass die Uno diese Verheißung als ihr endgültiges Ziel übernommen hat: „Sie werden ihre Schwerter zu Pflugscharen und ihre Speere zu Rebmessern schmieden. Keine Nation wird mehr das Schwert gegen eine andere Nation erheben oder Krieg gegen sie führen." Dies meinte Jesus, als er seine Apostel beten lehrte: „Dein Reich komme, dein Wille geschehe, wie im Himmel also auch auf Erden." Dieser große Auftrag wird nicht durch die allmähliche Verbesserung der Gesellschaft erfüllt werden, sondern durch die Wiederkunft von Jesus Christus (Matthäus 26,64; 2. Thessalonicher 1,7ff).

Eine Sache, die mich überzeugt, dass es sich bei dieser Hoffnung nicht um ein weiteres Beispiel einer ausgefallenen Utopie handelt, ist die Tatsache, dass diese Hoffnung sich auf die Realität gründet. Diese Hoffnung nimmt vor allem den Sinn für Moral ernst, von dem unsere höchsten Werte abhängig sind. Die Bibel lehrt uns, dass dieser Sinn letztendlich von Gott, unserem Schöpfer, kommt und sie freut sich dabei auf das Endgericht, bei dem alle irdischen Ungerechtigkeiten richtiggestellt werden. Man könnte denken, dass alle Menschen diese Aussichten begrüßen müssten. Das ist jedoch nicht so. Millionen von Menschen hoffen, dass dies aus dem folgenden Grund nicht wahr ist: Wir alle sind uns darüber im Klaren, dass nicht alle schuldlos an der Ungerechtigkeit sind. Wir haben gesündigt und die Aussicht eines Endgerichts ist daher sicherlich nicht verlockend. Viele würden gerne die Ansicht von Lucretius teilen, dem römischen Poeten des Altertums. Er glaubte, die Wissenschaft habe bewiesen, dass es kein Leben nach dem Tod gäbe und daher auch kein Endgericht. Und dies glauben sie, obwohl diese falsche Hoffnung die Menschen zu der pessimistischen Sicht verdammt, dass die Ungerechtigkeiten des Lebens niemals richtiggestellt werden.

Einige argumentieren, dass die Hoffnung auf ein Endgericht das Ergebnis eines Wunschdenkens sei. Wenn es wirklich einen Gott gibt, der ein Anliegen für Gerechtigkeit hat, warum hat er nicht schon längst eingegriffen und die Ungerechtigkeit beendet? Hierin zeigt sich erneut der gesunde Realismus der Bibel. Die Bibel zeigt auf, dass es sich bei der Welt nicht einfach um eine Maschine handelt, die bei Nichtfunktionieren durch die Anwendung einer passenden Technologie wieder in

Ordnung gebracht werden kann. Die Verwaltung dieser Erde wirft auf verschiedenen Ebenen endlose Fragen der Moral und Wahrheit auf. Und wenn man es ablehnt, sich diese Fragen zu stellen und sie ausreichend zu beantworten, kann kein Paradies erreicht werden.

Daher sind auch alle Versuche zum Scheitern verurteilt, die modernen Probleme dadurch zu lösen, dass man Antworten in der Astrologie, dem Okkultismus oder dem Übersinnlichen sucht. Die Astrologie und der Spiritismus sollen die Menschen vor gefährlichen und schädlichen Situationen warnen, damit sie diese dann meiden können. Sie sind nicht dazu da, den Menschen zu moralischen Fortschritten zu verhelfen. In Wirklichkeit können sie diesen Fortschritt vielmehr verhindern.

Es gibt noch eine andere Überlegung. Die endgültige Autorität, die hinter der Moral steht, ist der gleiche persönliche Schöpfer, der hinter dem physikalischen Universum steht. Es gibt daher keine endgültige Hoffnung auf Gerechtigkeit, Frieden und Glück, bis unsere Welt mit Gott versöhnt ist. Das Hauptproblem besteht darin, dass wir unseren von Gott gegebenen eigenen Willen dazu benutzt haben, gegen Gott zu rebellieren, ihn zu verleugnen und abzulehnen. „Wir wandten uns ein jeder auf seinen eigenen Weg", wie die Bibel es beschreibt (Jesaja 53,6). Kurz: Wir sind Sünder. Daher können wir dankbar sein, dass Gott noch nicht eingegriffen hat, um das Böse zu vernichten, sondern uns Zeit gibt umzukehren, die Vergebung des Schöpfers zu suchen und mit ihm versöhnt zu werden (2. Petrus 3,9).

Gott befiehlt uns aber nicht nur einfach, umzukehren. Er bietet Vergebung an, eine echte Vergebung, die es ermöglicht, uns selbst und die Zukunft ohne Angst anzusehen. Gottes Vergebung ist keine oberflächliche Beruhigung, unsere Sünden wären nicht wichtig und könnten ganz einfach vergessen werden. Das wäre absurd. Wäre die Sünde jetzt unbedeutend, dann wäre sie es auch in der Zukunft. Hätte die Sünde, die das Resultat meiner persönlichen Entscheidung ist, keine Bedeutung, dann hätte auch keine andere Entscheidung von mir eine Bedeutung. Schlussendlich werde ich dann auf das Niveau eines

„Nichts" reduziert. Auf solch einer Basis können keine dauerhaften Werte aufrechterhalten oder irgendein Paradies aufgebaut werden. Wenn ich als Mensch ernst genommen werden soll, dann sind meine Sünden auch ernst zu nehmen. Dies bedeutet, dass letztendlich die absoluten Werte in Gottes Gesetz durch die Ausführung der Strafandrohungen des Gesetzes gewahrt werden müssen. Wenn das aber bedeutet – und hier liegt die Kernfrage – dass ich dazu verurteilt bin, die Strafe und die Konsequenzen meiner Sünden zu tragen, dann ist eines ganz klar: Ich habe keinerlei Hoffnung in irgendein zukünftiges Paradies zu kommen.

Die biblische Hoffnung für die Rettung des Einzelnen und die Wiederherstellung der Erde stützt sich auf die Tatsache, dass Gott eine Antwort auf das tiefgehende Problem der menschlichen Sünde hat. Auf Grund seiner Liebe zu den Menschen kam er selbst auf diese Erde. Gott, der durch sein Wort die Welt erschaffen hat, hat sich selbst in die Menschheit „einkodiert". „Das Wort wurde Fleisch und wohnte unter uns" (Johannes 1,14). Jesus Christus ist der menschgewordene Gott. Er litt und starb am Kreuz und trug die vom Gesetz auferlegte Strafe selbst. Dies bedeutet, dass die Menschen, die umkehren und an ihn als ihren Herrn und Retter glauben, eine sofortige und vollständige Vergebung erhalten, die Gottes gerechtem Charakter entspricht (Johannes 3,16; Römer 3,21-26). Solche Menschen können sich an Gottes zugesicherter Verheißung erfreuen, dass der Mensch bei der Wiederkunft von Christus selbst mit auferstehen und verherrlicht werden wird (1. Korinther 15; Philipper 3,20-21).

Es sollte uns nicht überraschen, dass das Geschehen am Kreuz weit über unseren menschlichen Verstand hinausgeht. Denken wir nur an die Schwierigkeiten, die wir bei einfacheren Dingen haben, wie z.B. bei der Schwerkraft und dem Licht. Wie auch beim Phänomen des Lichts müssen wir aber Gottes Handeln nicht völlig verstehen, um es erleben zu können.

Während Gott auf die Umkehr des Menschen wartet, betont die Bibel, dass er nicht zulassen wird, dass die Rebellion der Menschen und ihre fehlende Zusammenarbeit seinen Plan für immer aufhalten, die Erde von der Fessel des Bösen, der Ungerechtigkeit und der Schmerzen zu befreien (Römer 8,21). Warum sollte er es zulassen? Die Bibel erklärt, dass Gott schließlich mit Macht eingreifen, das Böse hinwegnehmen und das Reich Christi einführen wird – und dies vielleicht früher, als wir es erwarten. Wie Paulus es in einer Rede zu den Philosophen auf dem berühmten Areopag in Athen ausdrückte: „Er hat einen Tag gesetzt, an dem er den Erdkreis richten wird in Gerechtigkeit durch einen Mann, den er dazu bestimmt hat, und er hat allen dadurch den Beweis gegeben, dass er ihn auferweckt hat aus den Toten" (Apostelgeschichte 17,31). Oder wie Johannes es beschreibt: „Er wird seine große Macht ergreifen und die Herrschaft antreten" (Offenbarung 11,17). Mit anderen Worten: Derselbe Jesus, der gekreuzigt, auferstanden und in den Himmel aufgefahren ist, wird wiederkommen (2. Thessalonicher 1–2; Lukas 21). Er wird ein Reich einführen, in dem Gerechtigkeit herrschen und die Schöpfung Gott und seinem erlösten Volk dienen wird, so wie es beabsichtigt war, dass die Welt ihm dienen sollte (Römer 8,21).

Einige werden sich über die Vorstellung ärgern, dass Gott dies mit Macht tun wird. Dies ist eine verständliche Reaktion – besonders wenn man sieht, was passiert, wenn politische Philosophen ihre theoretischen Pläne für Utopia entwerfen und sie dann mit Macht durchsetzen. Und das ohne überhaupt Rücksicht zu nehmen auf das Leiden, das sie Millionen von Menschen zufügen. Genau hierin liegt der große Unterschied. Per Definition hat Gott als Schöpfer das unbestreitbare Recht, dass die ganze Schöpfung ihm dienen soll, und Christus wird dieses Recht mit seiner göttlichen Macht eines Tages durchsetzen. Seine moralische Voraussetzung dafür aber ist, dass er zuerst starb, um die Menschheit zu erlösen (Matthäus 20,28; Offenbarung 5,4), damit keiner unter Gottes Gericht verurteilt werden muss. Durch den Tod seines eigenen Sohnes hat Gott die Voraussetzung für all jene geschaffen, die Vergebung wollen. Die Menschen, die diese wunderbare Vergebung ablehnen, werden am Ende nur sich selbst die Schuld geben können, wenn sie vor Gottes Gericht verurteilt werden.

Welche Indizien haben wir, dass diese Hoffnung für die Zukunft eine solide Basis hat? Als Antwort auf diese Frage weist die Bibel auf die Auferstehung von Jesus Christus hin (Apostelgeschichte 17,31; 1. Korinther 15). In diesem Zusammenhang versteht die Bibel unter Auferstehung nicht einfach das Überleben der Seele nach dem Tod, sondern die tatsächliche Auferstehung des Körpers. Am dritten Tag nach der Grablegung Christi wurde er zu einem neuen Leben erweckt und kam aus dem Grab heraus. Er hinterließ einen stummen, aber überzeugenden Beweis für das, was geschehen war: die leeren Grabesgewänder, mit Gewürzen beladen und immer noch mumienartig gefaltet, genauso wie zu dem Zeitpunkt, als er noch darin lag (Johannes 20,7). Es ist daher eindeutig, dass das Neue Testament die Auferstehung nicht als mythischen Ausdruck der christlichen Hoffnung sieht, sondern als tatsächliches Ereignis der Weltgeschichte. Die Auferstehung wurde später ebenfalls von den Menschen bestätigt, die mit dem auferstandenen Herrn gegessen und getrunken haben und dann Augenzeugen seiner Himmelfahrt wurden (Apostelgeschichte 1). Thomas Arnold, Professor für Geschichte in Oxford, sagte über die Auferstehung: „Ich kenne keine andere Begebenheit in der Geschichte der Menschheit, die durch bessere und vollständigere Indizien belegt wäre."

Die Tatsache der Auferstehung gibt mir eine fundierte Basis für meinen Glauben an Christus. Ich habe keinen intellektuellen Selbstmord begangen, ganz im Gegenteil. Dadurch, dass ich ihm vertraut habe, habe ich Leben, Vergebung und eine sichere Hoffnung empfangen. Wie Paulus sagte: „Denn ich bin überzeugt, dass weder Tod noch Leben, weder Engel noch Gewalten, weder Gegenwärtiges noch Zukünftiges, noch Mächte, weder Höhe noch Tiefe, noch irgendein anderes Geschöpf uns wird scheiden können von der Liebe Gottes, die in Christus Jesus ist, unserem Herrn" (Römer 8,38-39).

Wenn es einen Gott gibt, warum leiden viele Menschen so furchtbar?

Notwendigerweise ist es eine schwierige Aufgabe, befriedigende Antworten auf dieses Problem zu geben. Wenn Menschen selbst relativ frei von Leiden sind und eine sachliche und objektive Meinung darüber vertreten können, suchen sie nach rationalen Erklärungen, die ihren Intellekt befriedigen.

Wenn andererseits Menschen Leid erfahren haben, gegenwärtig unter seelischen und körperlichen Qualen leiden oder sich massiv ungerecht behandelt fühlen, reichen rein rationale Erklärungen wohl kaum aus. Sie suchen nach Antworten, die nicht nur ihre Köpfe, sondern auch ihre Herzen befriedigen – Antworten, die ihre Schmerzen lindern, ihren Glauben stärken und ihnen Hoffnung, Kraft und Mut zum Durchhalten geben.

Lassen Sie mich diesen Punkt einmal veranschaulichen. Nehmen Sie einmal an, Sie wären die Eltern eines 12-jährigen Mädchens, bei dem eine Fehlbildung der Wirbelsäule festgestellt wurde. Die Ärzte teilen Ihnen mit, dass ihrer Tochter eine lange Reihe von komplizierten Knochentransplantationen bevorsteht, mit denen die Rückenwirbel gestärkt und wieder aufgebaut werden sollen. Wenn Ihre Tochter sich diesen Operationen nicht jetzt unterzieht, wird es in einigen Jahren zu spät sein und sie wird eine schlimme und äußerst schmerzhafte Wirbelsäulen-Verkrümmung davontragen. Die Frage ist: Soll sie operiert werden oder nicht? Diese Entscheidung kann dem Mädchen nicht selbst überlassen werden; es ist zu jung, als dass es alle damit verbundenen Probleme verstehen und nachvollziehen könnte. Als Eltern werden letztendlich Sie die Entscheidung für Ihre Tochter treffen müssen. Was werden Sie ihr sagen?

Zweifellos werden Sie ihr zunächst die medizinischen Gründe für die Notwendigkeit der Operationen in für sie verständlicher Art erklären und ihr zeigen, warum es keinen anderen Weg zur Heilung gibt. Sie werden ehrlich sein und ihr sagen, dass dies mit Schmerzen verbunden sein wird, obwohl die Chirurgen es gut mit ihr meinen und sehr kompetent sind. Und sie werden ihr sagen, dass letztlich das Ergebnis so gut sein wird, dass sie sich über die Operationen freuen wird. Mit anderen Worten: Es wird Ihnen äußerst wichtig sein, Ihre Tochter intellektuell auf diese Tortur vorzubereiten.

Das Problem ist jedoch, dass Ihre Tochter momentan zwar keine großen Schmerzen verspürt; wenn sie sich aber der Behandlung unterzieht, wird sie entsetzliche Schmerzen haben: jedesmal, wenn sie von einer der vielen Operationen, denen Sie zugestimmt haben, aufwacht und sogar noch Monate danach. Was werden Sie antworten, wenn sie dann schluchzend fragt: „Warum habt ihr zugelassen, dass ich so große Schmerzen habe?" Rein intellektuelle Erklärungen werden kaum ausreichen. Sie müssen sie nun Ihrer Liebe versichern, Ihren Beistand in ihren Leiden spüren lassen und ihr die Hoffnung vermitteln, dass am Ende alles gut sein wird. Inzwischen werden Sie alles daran setzen, um ihr Vertrauen auf Sie, auf Ihre Liebe und Ihre Weisheit zu stärken, sowie ihr Vertrauen auf die Ärzte. Wenn sie nämlich dieses Vertrauen verliert, wird ihr Kampf gegen die Schmerzen viel schwieriger sein und könnte sogar verloren werden. Genauso ist es mit uns Erwachsenen, wenn wir zuerst mit dem intellektuellen Problem und dann mit der Erfahrung des Leidens selbst konfrontiert werden. Dann brauche wir mehr als nur eine Art von Antwort. Lassen Sie uns jedoch mit dem intellektuellen Problem beginnen.

Das intellektuelle Problem

Es handelt sich tatsächlich um ein zweifaches Problem, da das Leiden auf zwei logisch unterschiedliche Ursachen zurückgeht (obwohl in der Praxis die zwei Ursachen manchmal untrennbar miteinander verknüpft sind). Eine Ursache ist das Böse, für das der Mensch selbst unmittelbar verantwortlich ist, d.h. wirtschaftliche, politische und zivile Ungerechtigkeit sowie Ausbeutung, Aggressivität, Folter, Mord, Vergewaltigung, Kindesmissbrauch, Ehebruch, Verrat, Sklaverei, Völkermord, Kriege und Ähnliches, dazu all das andere Unrecht, das vielleicht nicht so hochgradig, aber dennoch Grund für das meiste Elend in unserer Welt ist: die schmerzlichen und zerstörerischen Dinge, die wir uns alle gegenseitig antun. Üblicherweise nennen wir dies das Problem des Bösen.

Die andere Ursache des Leidens sind die Naturkatastrophen: Erdbeben, Vulkanausbrüche, Flutwellen, Überschwemmungen, Erdrutsche, Lawinen, UV-Strahlen, Dürren, Braunfäule, Hungersnöte, Seuchen und Plagen (z.B. Heuschrecken oder Malariamoskitos). Für diese Leiden ist der Mensch nicht unmittelbar verantwortlich (obwohl er indirekt zu manchem beiträgt, indem er in verantwortungsloser Art und Weise das Ökosystem zerstört). Zu dieser Quelle des Leidens zählen Dinge wie angeborene Geburtsfehler und persönlichkeitszerstörende Krankheiten, für die der Mensch ebenfalls nicht unmittelbar verantwortlich ist (obwohl er zu einigen dieser Leiden sowohl direkt wie auch indirekt beitragen kann). Üblicherweise nennen wir dies das Problem des Schmerzes.

Ob das Leid nun auf die eine oder auf die andere Ursache zurückgeht, so stellt es jedenfalls den Glauben an Gott vor eine große Herausforderung. Das Problem des Schmerzes sagt: Wie können wir glauben, dass eine Welt, in der es so viele Naturkatastrophen gibt, von einem völlig liebevollen, allmächtigen und allwissenden, persönlichen Gott erschaffen wurde? Zusätzlich sagt das Problem des Bösen: Wie können wir die Tatsache, dass es derart viel Böses gibt und dieses auch noch weiterbestehen darf, vereinbaren mit der Existenz eines allmächtigen und heiligen Gottes, dem es angeblich um Gerechtigkeit geht? Das intellektuelle Problem ist sicherlich ernst und es wäre dumm es abzustreiten oder es auch nur zu unterschätzen.

Die Lösung, die alles noch schlimmer macht

Es gibt jedoch einen einfachen Weg, wie man dieses intellektuelle Problem sofort aufheben kann: Atheist werden – die Existenz Gottes leugnen! Dann gibt es überhaupt kein Problem mit der Erklärung von Bösem und Leiden. Wenn es nämlich keinen intelligenten Schöpfer gibt, müssen wir annehmen, dass unsere Welt und wir selbst durch sinnlose, unpersönliche Kräfte zustande gebracht wurden, die unbewusst sinnlose Materie erzeugt und weiterentwickelt haben. Nach Millionen Jahren wahlloser Mutationen hat dann diese geistlose Materie intelligente Köpfe hervorgebracht, die gegen das Leiden protestieren können. Aber dies geschah zufällig, ohne jede Absicht der Materie. Und nachdem Sie es vollbracht hatte, war die Materie sich nicht über ihr Werk bewusst. Sie fuhr einfach weiter fort auf diesem gedanken- und planlosen Weg, ohne dass ein letztendliches Ziel in Aussicht stünde und völlig unbeeindruckt davon, ob das Ergebnis gut oder böse, intellektuell annehmbar oder unannehmbar war. Unter dieser Voraussetzung macht es überhaupt keine Schwierigkeit, die Existenz von Gut und Böse zu erklären. Was könnte man von diesem sinnlosen Vorgang anderes erwarten als eine ungeheure Menge von Leid auf Schritt und Tritt? (Dafür gäbe es jetzt jedoch die unüberwindbare Schwierigkeit, den raffinieren und ausgeklügelten Plan zu erklären sowie die geniale Schönheit, die wir überall im Universum beobachten können).

Der Atheismus löst somit das intellektuelle Problem des Leidens, *wird aber das Leiden selbst nicht los*, noch hilft er uns dabei, das Leiden zu ertragen. Er kann den Schmerz sogar noch viel unerträglicher machen. Denn wenn es einen persönlichen Gott gibt und er uns erschaffen hat, dann gibt es einen guten Grund zu glauben, dass das Leiden nicht einfach nur zerstörerisch und letztendlich bedeutungslos ist, sondern dass es von Gott zu unserem ewigen Segen benutzt werden kann. Die Argumentation hinter dieser Schlussfolgerung ist denkbar einfach. Für die Kinder, die sie in die Welt gesetzt haben, übernehmen Eltern normalerweise eine moralische Verantwortung. Sie lieben ihre Kinder und wollen das Beste für sie. Außerdem ist dieses Interesse an den eigenen Kinder den Eltern von Natur aus eigen. Daher ist es höchst unwahrscheinlich, dass Gott, der die Menschen erschaffen hat und dieses Interesse in ihre Herzen gelegt hat, selbst völlig gleichgültig gegenüber seinen Geschöpfen ist und keine moralische Verantwortung für sie übernimmt (Lukas 11,13). Hier liegt nun ein guter Grund für Hoffnung. Und wenn die Menschen sich inmitten von Leiden oder Ungerechtigkeit befinden, dann ist diese Hoffnung oft das Einzige, was trösten, unterstützen und ihnen so helfen kann, Leid zu ertragen. In solchen Umständen spricht die Bibel folgendermaßen:

> Nicht allein aber sie, sondern auch wir selbst, die wir die Erstlingsgabe des Geistes haben, auch wir selbst seufzen in uns selbst und erwarten die Sohnschaft: die Erlösung unseres Leibes. Denn auf Hoffnung hin sind wir errettet worden. Eine Hoffnung aber, die gesehen wird, ist keine Hoffnung. Denn wer hofft, was er sieht? Wenn wir aber das hoffen, was wir nicht sehen, so warten wir mit Ausharren (Römer 8,23-25).

Der Atheismus nimmt eine solche Hoffnung jedoch völlig weg. Er belässt die Menschen in ihren Schmerzen, Verletzungen und ihrer Trauer, ohne emotionellen oder geistlichen Trost zu geben, während ihr Intellekt die tyrannische Unsinnigkeit von ziel- und hoffnungslosem Leiden erdulden muss, das durch sinn- und herzlose Kräfte verursacht wurde, von denen sie leider beherrscht werden.

Nehmen wir eine 33-jährige Mutter, deren Ehemann kürzlich von der Mafia erschossen wurde und bei der Krebs im Endstadium festgestellt wurde. Was kann ein Atheist ihr sagen? Ihr Gerechtigkeitssinn ist durch den Mord an ihrem Mann mit Füßen getreten worden. Wenn der Atheist ehrlich ist, muss er ihr sagen, dass ihr Gerechtigkeitssinn keine Garantie dafür ist, dass es überhaupt eine objektive Gerechtigkeit in der Welt und im Universum gibt. Ihr Ehemann hat keine Gerechtigkeit in diesem Leben erlebt und wird auch im kommenden Leben keine Gerechtigkeit erfahren, denn es gibt weder ein zukünftiges Leben noch irgendeinen Gott, der letztendlich für Gerechtigkeit sorgt. Die Hoffnung auf Gerechtigkeit hat sich für diesen

Mann als leerer Traum herausgestellt. Und was die Frau betrifft, muss der Atheist sagen, dass es niemals einen wirklichen Grund für ihre Existenz gab. Ebenso gibt es kein Ziel für ihr kurzes Leben, auf das sie sich freuen kann. Ihr Leiden und ihre Schmerzen sind gänzlich sinnlos. Daher gibt es keine Hoffnung. Atheisten sind, wie die Bibel es ausdrückt, ohne Gott, ohne Christus und ohne Hoffnung in dieser Welt (Epheser 2,12).

Die atheistische Lösung für das Problem des Bösen und des Leidens verschlimmert alles nur noch. Emotional, moralisch und intellektuell gesehen ist diese Lösung einfach nur destruktiv.

Für dieses Problem gibt es andere Lösungsversuche, die weder an den Atheismus heranreichen, noch an das Bild, das wir in der Bibel von Gott bekommen. Der am weitesten verbreitete Versuch ist der, dass man zugibt, dass Gott absolut gut ist, seine Allmacht jedoch abstreitet. Diese „Lösung" ist jedoch keine wirkliche Lösung, weil sie wiederum das intellektuelle Problem zwar zu einem gewissen Grad löst, aber genau wie der Atheismus niemanden aufbietet, der in der Lage wäre, unser Leid ertragen zu helfen.

Dies führt uns nun zu einer Schlüsselfrage: Gibt es überhaupt einen Grund für die Annahme, Leid jeglichen Ursprungs sei unvereinbar mit der Existenz eines absolut liebevollen, allmächtigen und allwissenden Schöpfers? Eines Schöpfers, der trotz all dem Leid, das er zulässt, seinen Geschöpfen treu ist und eine herrliche Zukunft für uns hat – wenn wir sie annehmen wollen – und dieses Leiden dazu benutzen kann, um uns für unsere Zukunft vorzubereiten?

Die Antwort auf das Problem des Bösen

Wir wollen mit dem Problem des Bösen beginnen, da das Böse, das Menschen an ihren Mitmenschen begangen haben, tatsächlich für weitaus mehr Leiden verantwortlich ist als die Naturkatastrophen. Schauen wir uns das gegenwärtige Jahrhundert an. Die Millionen bei Naturkatastrophen umgekommenen Menschen sind nur wenige im Vergleich zu den Milliarden, die in den zwei Weltkriegen und anderen zahllosen Kriegen abge-schlachtet wurden. Sei es durch rechts- oder linksextreme Diktatoren, durch Hitler und Stalin, Pol Pot und die indonesische Regierung, durch religiöse und politische Verfolgung, durch die Mafia oder terroristische Vereinigungen, durch die geplante Gewalt in Hiroshima und Nagasaki oder die unmenschlichen Grausamkeiten in Jugoslawien und Ruanda. Oder etwa durch demokratische Staaten, die ihre Wirtschaft durch die Produktion von Waffen ankurbeln und sie an Regierungen verkaufen, die damit andere unterdrücken und keine Rücksicht auf die Menschenrechte nehmen, ebenso wie Industrielle, die ein Millionenvermögen machen durch die Herstellung von Landminen und deren Verkauf an Afghanistan und Angola, wo sie dann die Beine von Tausenden unschuldiger Menschen wegreißen, einschließlich die der Kinder. Dann in Form der Ausbeutung der Entwicklungsländer durch die Industrienationen, genauso wie die Korruption in der Dritten Welt, bei der sich Diktatoren Millionen von Dollar von internationalen Hilfsgeldern in ihre eigenen Taschen stecken, während sie ihr Volk dem Elend und der Armut überlassen. Im Vergleich mit all diesem vorsätzlichen Bösen erscheint eine Naturkatastrophe wie ein Vulkan beinahe unschuldig.

Die verständliche Reaktion der Menschen auf diese unendliche Flut von Bösem ist die Frage: „Müsste Gott nicht an Gerechtigkeit interessiert sein? Und ist Gott nicht allmächtig? Warum beendet Gott, falls es ihn gibt, nicht all dieses Böse?"

Die Bibel sagt, dass er ganz sicher dem Bösen eines Tages ein Ende setzen wird:

> Er hat einen Tag gesetzt, an dem er den Erdkreis richten wird in Gerechtigkeit durch einen Mann, den er dazu bestimmt hat und er hat allen dadurch den Beweis gegeben, dass er ihn auferweckt hat aus den Toten (Apostelgeschichte 17,31).

„Aber was nutzt uns diese Verheißung, dass Gott irgendwann in ferner Zukunft, am Weltende, dem Bösen ein Ende machen wird?", fragen viele. „Wenn es Gott wirklich gibt, warum greift er dann nicht schon jetzt ein und vernichtet alle bösen und schlechten Menschen oder setzt sie irgendwie außer Gefecht? Er soll doch angeblich allmächtig sein! Er *könnte* es tun –; warum tut er es aber nicht?"

Nun, er könnte dies sicherlich tun und in einigen schweren Fällen handelt er sicherlich auch so. Die Bibel berichtet davon, dass Gott in der Vergangenheit einmal die ganze Menschheit (ausgenommen acht Menschen) durch eine riesige Flut ausgelöscht hat (1. Mose 6-8), was er schließlich noch einmal tun wird, dann allerdings nicht durch Wasser, sondern – wie es sich in der biblischen Beschreibung anhört (2. Petrus 3) – durch eine atomare Verschmelzung.[1] Ein ähnliches Beispiel ist Sodom und Gomorra. Als dort die extreme Unmoral mit den daraus resultierenden Krankheiten nicht mehr zu erdulden war, zog Gott natürliche Ursachen heran, um diese beiden Städte zu verbrennen und auf diese Weise den ganzen Landstrich auszuräuchern (1. Mose 19).

Das Problem des willkürlichen Gerichts

Es gibt aber ein Problem, das die Bibel selbst ausdrücklich in Verbindung mit Sodom und Gomorra erwähnt. Wenn grobe Sünde und Bosheit eine ganze Gesellschaft infiziert, wie kann dann ein gerechter Gott die relativ Unschuldigen zusammen mit den extrem Schuldigen vernichten? Bei einer kleinen Stadt wie Sodom war es relativ einfach zu bewerkstelligen, dass die wenigen, vergleichsweise unschuldigen Menschen der allgemeinen Zerstörung entgehen konnten. Doch manchmal wird eine ganze Nation oder ganze Länder und Weltreiche von schwerwiegendem Bösem befallen; dann bekommen Millionen

[1] Skeptiker spotten oft über solche biblischen Aussagen und trotzdem machen sie uns dann auf wissenschaftliche Indizien aufmerksam, dass an einem Punkt in der Geschichte tatsächlich einmal fast alles Leben auf diesem Planeten ausgelöscht war.

von Menschen in unterschiedlichem Ausmaß die grausamen und überheblichen Machenschaften ihrer Herrscher zu spüren. Lehrer werden verpflichtet, das Denken ihrer Schüler mit braunem Faschismus zu impfen sowie mit gegen Minderheiten gerichteten Völkerhass (wie zu Hitlers Zeiten in Deutschland) oder aber mit gottfeindlichem Atheismus (wie in marxistischen Ländern). Durch einen falschen Patriotismus werden Männer gezwungen sich an grausamen, ideologischen Kriegen zur Ausweitung des Herrschaftsgebietes zu beteiligen. Ungeachtet dessen, was sie selbst als Wahrheit kennen, werden Universitätsprofessoren unter Druck gesetzt, die Weltgeschichte (und manchmal sogar die Wissenschaft) gemäß der Politik des Regimes neu zu interpretieren. Wie könnte ein gerechter Gott in einem solchen Fall ganze Nationen vernichten, ohne gleichzeitig Massen von relativ unschuldigen (aber nicht sündlosen) Menschen zusammen mit den Schuldigen umzubringen?

„Aber genau das ist der Knackpunkt", sagt jemand. „Wenn Gott sowohl allwissend als auch allmächtig ist, dann könnte er eine individuelle Auswahl treffen: die bösen Menschen vernichten und die guten verschonen. Warum tut er das denn nicht?"

Nehmen wir einmal an, er ginge tatsächlich so vor. Nehmen wir an, dass er heute eingreifen würde und alle schlechten und sündigen Menschen überall auf der ganzen Welt ohne Ausnahme vernichten würde. Wo würde er gerechterweise Halt machen? Und wie viele Menschen würden übrigbleiben? Wo würde er die Grenze zwischen guten und bösen Menschen ziehen? Und wer sind überhaupt die Bösen und wer die Guten? „Entledigen wir uns der Kapitalisten", sagen die Kommunisten, „und wir werden eine gute Welt mit guten Menschen haben." Die Kapitalisten sagen natürlich das Gegenteil. Und auf die persönliche Ebene bezogen: Was müsste Gott uns sagen?

Es gibt noch andere Überlegungen. Stellen wir uns zwei Männer vor, die beide selbstsüchtig und grausam sind und mit Hingabe Jähzorn, Gewalttätigkeit, Lüge und Hintergehen ausüben. Der eine ist ein normaler Bürger ohne viel Macht, doch sein übles Verhalten vergällt seiner Frau das Leben, zerstört die

Ehe und fügt den Kindern schweren, vielleicht sogar nicht wie-dergutzumachenden psychischen Schaden zu. Der andere Mann ist der Diktator seines Landes. Er verfügt über enorme Macht und deshalb führt sein böses Verhalten zum Leiden und Sterben von Tausenden von Menschen. Was hätte der erste Mann getan, wenn er die gleiche Macht wie der zweite gehabt hätte? Wer von den beiden Männern ist nun im Herzen der schlimmere?

Der Bibel zufolge lautet Gottes Urteil über uns als Individu-en, dass wir in Wirklichkeit alle gesündigt haben – Sie, ich und jeder andere. Nach Gottes absoluten Maßstäben beurteilt, sind wir alle schlecht, nicht alle in gleichem Maß, doch alle zu einem gewissen Grad. Keiner von uns ist schuldlos (Römer 3,10-20.23).

Doch Gott ist nicht nur gerecht, er ist auch mitfühlend und barmherzig. Die Menschen in der antiken Stadt Ninive, beson-ders ihre Herrscher, waren für ihre Grausamkeit bekannt. Um ihr Imperium zu vergrößern, zettelten sie eine Massendeporta-tion der von ihnen eroberten Völker an. Deswegen drohte Gott ihnen an, er würde sie vernichten. Er war jedoch bereit, den Tag der Vollstreckung noch aufzuschieben, damit sie noch Gelegenheit zur Umkehr hätten. Er tadelte sogar den israeliti-schen Propheten Jona dafür, dass er auf ihre sofortige Vernich-tung bestand (Jona 1;1-2; 3,1 – 4,11).

Aus ähnlichen Gründen erklärt das Neue Testament, warum Gott bereit ist eine für uns lange Zeit zu warten, bevor er der Welt ein Ende setzt und das Böse vollständig auslöscht:

> Der Herr verzögert nicht die Verheißung, wie es einige für eine Verzögerung halten, sondern er ist langmütig euch ge-genüber, da er nicht will, dass irgendwelche verloren gehen, sondern dass alle zur Buße kommen. Es wird aber der Tag des Herrn (Tag des Gerichts) kommen ... (2. Petrus 3,8-10).

„Aber wenn Gott uns alle beschuldigen wird, böse und sündig zu sein –", sagt jemand, „er hat uns doch schließlich erschaf-fen. Warum hat er uns dann nicht so erschaffen, dass wir gar nicht sündigen und Böses tun können?"

Die Ehre, Mensch zu sein und die daraus resultierenden Kosten

Das hätte er sicher tun können, aber das würde bedeuten, dass er uns jegliche Art von freiem Willen und wirklicher freier Entscheidung vorenthalten würde. In diesem Fall wären wir keine verantwortlichen menschlichen Wesen, sondern wie menschenähnliche, computergesteuerte Roboter. Ich kenne keinen Menschen, der es vorziehen würde ein Roboter zu sein.

Um ein wirklich moralisches Wesen zu sein, muss man imstande sein den Unterschied zwischen Gut und Böse zu verstehen und dann frei entscheiden können, ob man Gutes oder Böses tun will. Ein Computer kann ein gewaltiges „Wissen" speichern, aber er versteht weder etwas von diesem „Wissen" noch kann er eine moralische Entscheidung treffen. Ein Computer kann nur das tun, wozu er programmiert ist. Wenn er eine falsche Entscheidung trifft oder kaputt geht, kann man ihn dafür nicht beschuldigen. Er ist nicht dafür verantwortlich. Er fühlt sich nicht schuldig. Weder versteht er, was Schuld überhaupt ist, noch weiß er, wie man sich fühlt, wenn man schuldig ist. Er kann nicht einmal sagen, wie man sich als Computer fühlt, geschweige denn als schuldiger (oder als glücklicher) Computer. Menschen sind – wie wir alle beobachten können – nicht in einer derartigen Weise von ihrem Schöpfer programmiert. Sie können frei entscheiden und sind normalerweise auch stolz darauf. Wenn ein Mann sich zum Beispiel entschlossen hat, sich lieber einer Gefahr zu stellen, als einen feigen Ausweg zu wählen, so möchte er gerne als verantwortungsvoll angesehen und dafür gelobt werden. Die meisten Menschen würden es als Beleidigung empfinden wie ein Baby behandelt zu werden, oder wie ein Schwachsinniger oder eine Maschine, die für ihre Handlungen nicht verantwortlich ist. Nur wenn wir etwas äußerst Falsches getan haben, sind wir versucht die Verantwortung dafür abzustreiten und zu sagen: „Ich konnte nicht anders."

Ferner hätte Gott uns sicherlich als Roboter erschaffen können, doch dann wären wir ebenfalls nicht zu wahrer und reifer

Liebe fähig, die aus freien Stücken gegeben und empfangen wird. Wenn Sie in einem Zimmer säßen und ein Roboter käme herein, legte seinen Arm um Sie und sagte: „Ich liebe dich", würden Sie entweder über diese Absurdität lachen oder ihn empört wegstoßen – oder beides. Ein Roboter hat zunächst einmal keine Vorstellung von Liebe. Und selbst wenn er sie hätte, könnte er nicht frei entscheiden Sie zu lieben oder nicht zu lieben. Er könnte nur das tun, wozu er von jemand anderem programmiert wurde. Er besitzt keine eigenständige Persönlichkeit.

Darin besteht nun die Ehre, Mensch zu sein. Gott hat den Menschen als ein moralisches Wesen geschaffen, das die Schönheit der Heiligkeit seines Schöpfers und die moralische Größe seines Charakters erkennen kann. Außerdem hat Gott den Menschen mit einem freien Willen und mit der Fähigkeit zu lieben ausgestattet. Somit kann er sich frei entscheiden, seinen Schöpfer zu lieben und anzubeten, ihm zu vertrauen und zu gehorchen und sich wahrer Freundschaft und Gemeinschaft mit Gott zu erfreuen, sowohl hier auf der Erde, als auch später in Gottes Himmel (Johannes 4,22-24).

Natürlich ist die Wahl, vor die Gott den Menschen gestellt hat, unmöglich eine Entscheidung zwischen zwei gleich guten Alternativen. Gott ist die Gesamtheit des Guten und es kann nichts dauerhaft Gutes getrennt von ihm geben. Nein zu sagen zu Gott, der Quelle des Lebens, heißt definitionsgemäß ja zu sagen zum endgültigen Untergang und Tod. Zwei Paradiese, eins mit dem Schöpfer und eins ohne ihn, gibt es nicht und kann es nicht geben. Daher hat Gott von Anfang an den Menschen vor den fatalen, aber unausweichlichen Konsequenzen gewarnt, wenn er sich entscheidet, Gott nicht zu glauben und ihm nicht zu gehorchen und seinen eigenen Weg zu gehen. Die Bibel sagt jedoch, dass der erste Mensch, Adam, genau dies tat. Er entschied sich Gott nicht zu gehorchen, seinen eigenen Weg zu gehen, einen Kurs einzuschlagen, den er für besser hielt (1. Mose 2 – 3; Römer 5,12). Und wir alle haben es Adam mehr oder weniger gleichgetan (Jesaja 53,6; Römer 3,23). Die schlimmen Folgen davon können wir heute um uns herum und an uns selbst feststellen. Folglich ist der Bibel zufolge das Böse deshalb böse, weil es Rebellion gegen Gott ist. Wer aber ist schuld daran?

Wiederum könnte jemand Folgendes einwenden:

„Ist Gott nicht allgegenwärtig und imstande alle möglichen Eventualitäten vorauszusehen?" Ja, selbstverständlich.

„Hat er demnach nicht vorausgesehen, dass der Mensch, wenn er ihm einen freien Willen gibt, diesen missbrauchen, das Böse wählen und somit Unglück auf sich und die ganze Welt bringen würde?" Ja, Gott hat es vorausgesehen.

„Wie konnte Gott es dann rechtfertigen seinen Plan auszuführen und dem Menschen überhaupt einen freien Willen zu geben?"

Gottes Sicherheitsnetz

Schon bevor er die Menschheit erschuf, hatte Gott entschlossen ein für alle verfügbares Sicherheitsnetz bereit zu stellen, sodass niemand für immer verloren gehen müsste, trotz aller Rebellion, Eigenwilligkeit, Sünde und Boshaftigkeit der Menschen. Gott würde sogar gerade die Sünde des Menschen zum Anlass nehmen, ihm nicht nur mit Worten, sondern mit Taten vor Augen zu führen, dass er alle seine Geschöpfe mit einem Schöpferherz liebt, sogar während sie noch Sünder waren. In der Bibel drückt er das so aus:

> Denn kaum wird jemand für einen Gerechten sterben; denn für den Gütigen möchte vielleicht jemand auch zu sterben wagen. Gott aber erweist seine Liebe zu uns darin, dass Christus, als wir noch Sünder waren, für uns gestorben ist (Römer 5,7-8).

Als der Mensch die zerstörerischen Folgen der Sünde entdeckte, musste ihm ein Weg der Umkehr geschaffen werden, ein Weg, auf dem er zu Gott zurückkommen, Vergebung finden und mit Gott versöhnt und wieder in Gemeinschaft mit ihm gelangen konnte. Durch seinen Sohn Jesus Christus würde Gott selbst die Strafe für die Sünde der Menschen bezahlen – zu ihren Gunsten. Ebenso würde er die Kosten für die Wiedergutmachung des Schadens tragen, der durch die Sünde des Menschen entstanden ist und den der Mensch niemals mit eigenen Mitteln bezahlen könnte. Und noch mehr: Es würde eine Garantie gegeben für den Tag des jüngsten Gerichts, an dem Gott die unbußfertigen Menschen auferweckt und bestraft und dem Bösen für immer ein Ende setzt. Dann würden diejenigen, die umgekehrt sind und ihr Vertrauen auf Gott und seinen Sohn Jesus Christus gesetzt haben, nicht unter das Verdammungsurteil fallen, sondern sich am ewigen Leben mit Gott erfreuen (Johannes 5,24). Und es geht noch weiter: So mit Gott versöhnt, würde der Mensch schon hier auf der Erde in den majestätischen Plan eingeführt, den Gott ursprünglich bei der Erschaffung des Universums im Sinn hatte.

Über diesen Plan wäre hier noch viel zu sagen; wir wollen an dieser Stelle jedoch innehalten und uns konzentrieren auf das Herzstück von Gottes Rettungshandeln in der Geschichte. Dieses Herzstück ist das Leiden, die Schmerzen und der Tod Jesu selber am Kreuz. Wenn Jesus wirklich Gott ist, wie das Neue Testament es sagt, dann ist Gott dem menschlichen Leiden nicht fern geblieben, sondern hat selbst daran teilgehabt. Und es ist gerade diese Nähe Gottes, die die Tränen und Qualen durchdringen und dem Leidenden wirkliche Hoffnung bringen kann. Das ist keine oberflächliche Lösung für die Leiden der Menschen, sondern die Möglichkeit trotz dieser Leiden zuversichtlich zu sein, dass Jesus Christus, der Sohn Gottes, ihre Leiden versteht. Er ist es, dem sie ihre Zukunft anvertrauen können.

Bevor wir das Thema des Leidens und Sterbens Jesu Christi verlassen, sollten wir sichergehen, dass wir uns über die Bedingungen im Klaren sind, die an Gottes Angebot der Versöhnung durch diesen Tod geknüpft sind. Das komplette Angebot der Rettung ist ein Geschenk und muss nicht in irgendeiner Art und Weise verdient oder erarbeitet werden. Aber folgende Bedingungen sind Voraussetzung für die Inanspruchnahme der Rettung:

1. Umkehr zu Gott (Apostelgeschichte 20,21): „Der Gottlose verlasse seinen Weg und der Mann der Bosheit seine Gedanken! Und er kehre um zu dem HERRN, so wird er sich über ihn erbarmen und zu unserem Gott, denn er ist reich an Vergebung" (Jesaja 55,7).

2. An den Herrn Jesus Christus glauben (Apostelgeschichte 20,21): „Wahrlich, wahrlich, ich sage euch: Wer mein Wort hört und glaubt dem, der mich gesandt hat, der hat ewiges Leben und kommt nicht ins Gericht, sondern er ist aus dem Tod in das Leben übergegangen" (Johannes 5,24).

Dies führt uns jedoch zurück zur Frage nach dem freien Willen des Menschen. Gott möchte niemanden zwingen zu glauben. Er wird einem Menschen niemals seinen freien Willen wegnehmen, nicht einmal um ihn zu retten. Denn dann wäre das Ergebnis kein geretteter und verherrlichter Mensch, sondern ein Roboter. Auf der anderen Seite bittet Gott mit seinem ganzen Herzen, sich doch versöhnen zu lassen. Seinerseits besteht keinerlei Widerwillen, zu erretten (1. Timotheus 2,3-6).

> … dass Gott in Christus war und die ganze Welt mit sich versöhnt hat, ihnen ihre Übertretungen nicht zurechnete … So sind wir nun Gesandte an Christi Statt, indem Gott gleichsam durch uns ermahnt; wir bitten für Christi: Lasst euch versöhnen mit Gott! Den, der Sünde nicht kannte, hat er für uns zur Sünde gemacht, damit wir Gottes Gerechtigkeit würden in ihm (2. Korinther 5,19-21).

Wenn der Mensch dementgegen seinen freien Willen benutzt, um sich nicht allein von Gott abzuwenden, sondern um obendrein die Vergebung und versöhnende Liebe Gottes abzulehnen, wie kann man dann Gott für die daraus resultierende Katastrophe verantwortlich machen?

Nun müssen wir uns jedoch dieser anderen Quelle des Leidens zuwenden, den Naturkatastrophen, und somit dem, was wir allgemein als Problem des Schmerzes bezeichnet hatten.

Das Problem des Schmerzes

Wir brauchen nicht wiederum die vielen Naturkatastrophen aufzulisten, denen unser Planet Erde von Zeit zu Zeit unterworfen ist. Ebenso wenig können wir die Augen schließen vor ihren zerstörerischen Auswirkungen auf das menschliche Leben und Wohlergehen. Man denke nur an die Verheerungen durch die Erdbeben in Japan und der Türkei innerhalb der letzten Jahre oder an die Überschwemmungen in Bangladesch und Osteuropa und an die Hungersnot in Äthiopien.

Wir sollten jedoch nicht die Tatsache übersehen, dass unser Planet sich als umso erstaunlicher herausstellt, je mehr die Wissenschaft über ihn herausfindet.

Unser erstaunlich bemerkenswerter Planet

Zuerst einmal fördert und erhält er das Leben! Und nicht nur Leben, sondern intelligentes Leben, Geist, der im Universum umherschweifen kann und dessen Aufbau zu verstehen beginnt, der nach dem Woher, Wohin und Wozu seiner Existenz fragt. Warum existiert überhaupt ein Universum? Wie lange wird es bestehen? Wann wird es enden? Warum wird es von sogenannten Naturkatastrophen erschüttert?

Der berühmte Mathematiker und Physiker Professor Paul Davies glaubt offenbar nicht an den Gott der Bibel. Aber die bloße Existenz von Intelligenz auf unserem Planet bewegt ihn zu folgender Aussage:

„Ich kann nicht glauben, dass unsere Existenz in diesem Universum nur eine Laune des Schicksals ist, ein Unfall der Geschichte, ein zufälliges Aufflackern im großen kosmischen Schauspiel. Unser Verhältnis dazu ist zu vertraut. Die natürliche Spezies *Homo* zählt vielleicht nichts. Aber die Existenz von Geist in einigen Organismen auf einigen Planeten im Universum ist sicherlich eine Tatsache von fundamentaler

Signifikanz. Mittels bewusster Wesen hat das Universum ein Bewusstsein für sich selbst hervorgebracht. Hier kann es sich nicht um ein triviales Detail, ein unwichtiges Nebenprodukt sinn- und zielloser Kräfte handeln. Wir sind wahrhaft dazu bestimmt hier zu sein" (The Mind of God, London, Simon & Schuster, 1992, Seite 232).

Planeten, die imstande sind höhere Lebensformen zu ermöglichen, sind im Universum nicht gerade üblich. Der verstorbene Professor Carl Sagan glaubte leidenschaftlich an die Möglichkeit, dass es auf anderen Planeten im Universum intelligente Wesen geben könnte. Aber er selbst schätzte theoretisch, dass nur 0,001 % aller Sterne einen Planet haben könnten, der sich für höhere Lebensformen eignet (und heute scheint dies eine äußerst hoch angesetzte Schätzung zu sein). Nachdem er sein ganzes Leben diesen Forschungen gewidmet und Millionen von Dollar investiert hat, um Beweise für die Existenz von derartigen intelligenten Wesen zu finden, wurde er letzlich doch nicht fündig.[1]

In unserem Sonnensystem ist tatsächlich kein anderer Planet imstande, komplexes Leben zu ermöglichen. Und wenn man sich die lange (und immer länger werdende) Liste von Bedingungen ansieht, die nach unserem jetzigen Wissen nötig sind, um Leben zu ermöglichen, und die allesamt von unserem Planeten erfüllt werden, sprechen überwältigend viele Indizien dafür, dass unser Planet sorgfältig entworfen und zu diesem Zweck konstruiert wurde.[2] Das vermittelt uns den Eindruck,

[1] Informationen entnommen von Hugh Toss, „Earth, the Place for Life", The Creator and the Cosmos, Colorado Springs, Navpress, Seiten 131-134

[2] Z. B. um das nötige Licht und die Wärme für das Leben zu erhalten, muss sich der Planet um eine Sonne drehen (die Sterne sind ebenfalls ferne Sonnen). Der Planet darf aber der Sonne nicht zu nahe kommen, da es sonst für das menschliche Leben zum Überleben zu heiß wäre; noch darf der Planet zu weit von der Sonne entfernt sein, da es dann zu kalt wäre. Die Drehgeschwindigkeit um die eigene Achse darf

dass wir – um mit Paul Davis zu sprechen – „wahrhaft dazu bestimmt sind, hier zu sein".

Und dann gibt es die faszinierende Komplexität des biochemischen Apparats in jeder einzelnen Körperzelle. In ihrem Buch „The Concept of A Creator" schreiben der Cambridge-Astronom Fred Hoyle und der Mathematiker Chandra Wickramasinghe über die wichtigsten für Leben notwendigen Enzym Folgendes:

> „Eine einfache Berechnung zeigt, dass die Wahrscheinlichkeit, die nötigen 2000 Enzyme durch wahlloses Aneinanderreihen von Aminosäureketten zu erhalten, äußert gering ist. Die Wahrscheinlichkeit beträgt … p zu 1, wobei p wenigstens der gewaltigen super-astrononischen Zahl von $10^{40.000}$ entspricht (einer 1 gefolgt von 40.000 Nullen) … Wenn wir alle anderen für Leben notwendigen Moleküle ebenfalls in unsere Berechnung miteinbeziehen, wird die Situation doppelt schlimmer. Die Wahrscheinlichkeit von 1 zu $10^{40.000}$ ist schon gering genug, aber dieser Wert müsste nochmals erheblich erhöht werden. Eine derartige Zahl überschreitet die Gesamtzahl der Elementarteilchen im gesamten beobachtbaren Universum um sehr, sehr viele Größenordnungen. So schwerwiegend sprechen die Umstände dagegen, dass das Leben auf rein mechanische Weise entstanden ist …"

Überdies deuten überwältigend viele Indizien darauf hin, dass unsere menschliche Existenz auf diesem Planeten Erde nicht Ergebnis sinnloser Kräfte ist. Das zeitweilige Auftreten von Naturkatastrophen kann daher nicht das massive Beweismate-

nicht zu groß sein, weil dadurch gewaltige, zerstörerische Winde erzeugt würden, wie z. B. auf dem Jupiter. Diese Drehgeschwindigkeit darf auch nicht zu langsam sein, da sonst Tag und Nacht zu lange dauerten und die Temperatur auf der Nachtseite zu kalt würde und auf der Tagseite zu heiß. Der Astrophysiker Hugh Ross (a.a.O., Seite 138-145) zählt 33 solcher Beispiele für die Exaktheit auf, mit der unser Planet konstruiert wurde, um menschliches Leben zu ermöglichen.

rial (und noch vieles andere dazu) dafür auslöschen, dass sowohl unser Planet als auch wir selbst mit Absicht erschaffen wurden. Dies lässt die naheliegende Frage aufkommen: Wer ist der Schöpfer?

Die Bibel sagt natürlich, dass Gott es ist, aber das führt uns wieder zum Problem des Schmerzes zurück. Wie können wir glauben, dass die Welt, in der es so viele Naturkatastrophen gibt, von einem absolut liebevollen, allmächtigen und allwissenden, persönlichen Gott erschaffen wurde?

Die Haltung der Menschheit gegenüber dem Schmerz

Wir wollen zunächst einmal darüber nachdenken, welche Haltung Männer und Frauen im Allgemeinen dem Leiden gegenüber einnimmt, ganz unabhängig davon, ob es Gott gibt oder nicht. Das wird nicht alle unsere Fragen beantworten, doch es wird uns zumindest helfen, unser Problem in den richtigen Proportionen zu sehen.

Obwohl er eigentlich auf der Hand liegt, übergehen wir sehr schnell den Punkt, dass wir nicht jeglichen Schmerz als schlecht betrachten. So mancher Schmerz ist vorbeugend und daher gut. Wenn Sie mit Ihren Fingern an eine scharfe Messerklinge stoßen, wird der Schmerz dieses Schnitts Sie unwillkürlich veranlassen Ihre Hand zurückzuziehen, um eine weitere Verletzung zu vermeiden.

Angst vor Schmerzen kann vorbeugend sein. Die Angst sich zu verbrennen, hält uns davon zurück, unsere Hände ins Feuer zu halten. Die Angst vor Aids könnte sogar manche Menschen vor Unmoral abschrecken. Eine derartige Angst ist daher gut.

Schmerz und Leid erwecken bei Krankenschwestern, Ärzten, Sozialarbeitern und anderen Menschen ständig Mitgefühl, Mitleid, Interesse und selbstaufopfernde Hingabe und formen somit einen edlen Charakter in diesen fürsorglichen Personen. Sowohl das bloße Streben nach eigennützigem Vergnügen wie auch die Entschlossenheit, Schmerzen und Opfer unter allen Umständen zu vermeiden, könnten niemals einen solchen Charakter hervorbringen. Das ist ebenfalls gut so und wir alle bewundern solche Menschen (wenngleich die Gesellschaft sie mit einem Hungerlohn abspeist, den Rockstars jedoch ein Vermögen zahlt).

Wir wollen fortfahren und uns mit der Einstellung vieler Menschen zum Risiko von schweren Verletzungen, Schmerzen und sogar zum Tod beschäftigen. Kein normaler Mensch ist bereit ohne Grund Schmerzen und den Tod zu erleiden. Aber Tausende normaler Menschen sind bereit das Risiko von ernstlichen Verletzungen und bisweilen auch das des Todes auf sich zu nehmen, für nichts anderes als Sport wie z. B. Rugby, Formel-1 Autorennen, Drachenfliegen, Höhlenforschung und Bergsteigen.

Ballerinas erleiden starke Schmerzen an ihren Füßen. Der Schmerz, den die Turner und Athleten freiwillig aushalten, wenn sie sich beim Training über die Schmerzgrenze kämpfen, ist allgemein bekannt. Doch der menschliche Geist drängt sie, die Herrschaft über ihren Körper zu erlangen und Perfektion, Schönheit und Grazie der Bewegung zu erreichen, und den damit verbundenen Schmerz nehmen sie als Preis dafür in Kauf.

Doch nun wollen wir uns wieder ernsthafteren Dingen zuwenden. Keine Nation ist nur um des Überlebens willen verpflichtet den Weltraum zu erkunden. Und trotzdem widmen sich Staaten diesem Unterfangen – keiner ruhmreicher als Russland –, wobei sie sehr wohl um die kolossalen Risiken wissen. Und dennoch gibt es immer noch Menschen, die sich freiwillig zu Astronauten ausbilden lassen und an Weltraummissionen teilnehmen, obwohl sie sich darüber im Klaren sind, dass andere Menschen bei ähnlichen Missionen schon umgekommen sind.

Die elementaren Naturkräfte – Feuer, Wind, Wellen, Elektrizität, Schwerkraft und Atomkraft – sind alle weitaus stärker als der Mensch. Und unpersönlich und ohne Verstand wie sie sind, werden sie ohne jede Gewissensbisse den Menschen zerstören, wenn er sie missbraucht. Die Elektrizität kocht unser Essen oder sie streckt uns – wenn uns ein Fehler unterläuft – mit einem Stromschlag nieder. Elektrizität kennt keine Vergebung. Und doch weiß der Mensch – geschaffen im Bild Gottes (ob er dies zugibt oder nicht), um über die Werke Gottes zu herrschen (siehe 1. Mose 1,26-28; Psalm 8,6) – in seinem Geist, dass er mit seinem Verstand und seiner Intelligenz unendlich viel bedeutender ist als diese elementaren Naturkräfte. Bereits seit frühester Zeit hat der Mensch sich daran gemacht nach und nach zu entdecken, wie man sich diese Kräfte nutzbar macht und für seine Zwecke gebraucht. Feuer wurde schon früh kultiviert. Wind und Wellen, die sonst Menschen ertränken, wurden mit der Erfindung von Schiffen und Segeln dazu benutzt, den Menschen auf seinen Forschungs- und Entdeckungsreisen zu befördern. Heutzutage wird sogar die Schwerkraft der Erde nutzbar gemacht und dazu verwendet, von Menschen geschaffene Weltraumsonden in Richtung Erde zu beschleunigen, um sie dann wieder in den Weltraum zu katapultieren. Wie ein Stein von einer Schleuder werden sie auf ihren Weg zu einem anderen Planet geschickt.

Die Einstellung der Menschheit zu den Kosten des Fortschritts

Dieses ganze wissenschaftliche Unterfangen der Nutzbarmachung der elementaren Naturkräfte ist ein großartiger Ausdruck des menschlichen Geistes. Dieser Prozess brachte enorme Risiken mit sich und die Errungenschaften wurden auf Kosten von endlosen Schmerzen und unzähliger Leben erreicht. Doch nach Auffassung der meisten Menschen wiegen die gewaltigen daraus entstandenen Vorteile für die gesamte Menschheit die Kosten von Leiden und Tod wieder auf und rechtfertigen diesen Preis.

Dann sollten wir eine weitere sehr bedeutende Sache berücksichtigen. Sich die elementaren Kräfte nutzbar zu machen bedeutet nicht, von ihrer eigentlichen Schmerz und Tod bringenden Kraft etwas wegzunehmen. Das würde auch niemand wünschen. Wenn Feuer seine Fähigkeit verliert, etwas zu verbrennen, wäre es unbrauchbar. Wäre Elektrizität so schwach, dass sie niemanden verletzen könnte, könnte sie auch viele der Aufgaben nicht erfüllen, zu denen sie nun herangezogen wird. Laserstrahlen können menschliches Gewebe zerstören. Wäre das nicht so, könnte man sie auch nicht für komplizierte Augenoperationen einsetzten, wie es heutzutage der Fall ist. Das bedeutet natürlich, dass die Nutzung dieser Elementarkräfte immer ein gewisses Risiko mit sich bringt, doch die meisten Menschen nehmen das Risiko von Verletzungen und Tod in Anbetracht der Vorteile in Kauf.

Flugzeuge können die Schwerkraft bezwingen. Ihre Erfindung und Entwicklung hat Tausende von Menschenleben gekostet, aber wir fliegen immer noch mit ihnen. Wir kennen die Gefahr: Wenn die Triebwerke ausfallen, werden sowohl die Menschen als auch das Flugzeug der Schwerkraft zum Opfer fallen. Und dennoch kenne ich niemanden, der auf die Idee käme zu argumentieren, Gott hätte die Erde besser ohne oder mit einer wesentlich geringeren Schwerkraft erschaffen sollen, damit das Flugzeug nicht abstürzt, wenn die Triebwerke ausfallen. Wenn die Gravitation der Erde wesentlich geringer wäre als jetzt, würde die Atmosphäre unseres Planeten zu viel Wasser verlieren und Leben wäre von vornherein unmöglich gewesen.

An dieser Stelle sollten wir eine Zwischenbilanz ziehen. Aus freien Stücken und ohne jeden Zwang haben Menschen es zu allen Zeiten für vertretbar gehalten, bei der Entwicklung des Potentials ihres Planeten (und heutzutage anderer Planeten) ein gewisses Maß an schwerem Leiden und Tod zu riskieren; und zwar aufgrund der immensen Vorteile, die man erzielen kann, wenn man die mit einem solchen Prozess verbundenen Risiken in Kauf nimmt. Eine Einstellung, die aus Furcht vor etwaigem mit dem Fortschritt einhergehenden Leiden und Schmerzen jegliches Fortschrittsstreben ablehnt, wird von den Menschen im Allgemeinen nicht bewundert.

Das würde jedoch beinhalten, dass die Menschheit sich nicht mit Fug und Recht darüber beschweren könnte, wenn Gottes Plan mit der Erschaffung von unserem Planeten und von uns als dessen Bewohner zwangsläufig Leiden mit sich bringt – und dies nicht nur für den Menschen, sondern auch für Gott selbst – damit dem Menschen dadurch ein unendlich herrlicher und ewiger Segen verliehen wird.

Warum Gott die Welt erschuf

Der Bibel zufolge ist unsere Erde nicht für eine ewige Existenz geschaffen worden. Eines Tages wird sie ein Ende nehmen (2. Petrus 3,13-18; 1. Johannes 2,17; Offenbarung 20,11 – 21,1). Aber der Mensch, der sowohl aus Körper als auch aus Geist besteht, wird niemals aufhören zu existieren. Der körperliche Tod ist nicht das Ende für ihn. Irgendwo und in irgendeinem Zustand – im Himmel oder in der Hölle – wird er ewig weiterexistieren.

Die Erde war daher niemals dazu entworfen, die ständige Heimat der Menschheit zu sein. Sie war lediglich als zeitweiliges Sprungbrett gedacht auf dem Weg zu einem weitaus größeren Zweck, das Gott sogar bereits vor der Erschaffung der Erde im Sinn hatte. Dieser Zweck beinhaltete zwei Stufen:

1. Stufe: Der Mensch wird als ein Geschöpf Gottes in die Welt hineingeboren. Er ist ausgestattet mit Körper, Seele und Geist, mit Intelligenz, Sprachbegabung, einem Sinn für Moral und einem Bewusstsein für Gott. Doch für nichts davon ist es nötig, dass Gott erst die Zustimmung des Menschen oder sogar seine Zusammenarbeit suchen müsste. Der Mensch wird sich einfach darüber bewusst, dass er geboren wurde und entdeckt nach und nach seine Fähigkeiten.

2. Stufe: Später wird dem Menschen die Möglichkeit angeboten, das zu werden, was er bis jetzt nicht war, nämlich ein Kind – und dann ein Sohn – Gottes. Dazu ist jedoch die willentliche Zustimmung und Entscheidung des Menschen nötig.

Um die Spanne zwischen diesen beiden Stufen zu verstehen, müssen wir sorgfältig den Unterschied im Sprachgebrauch der

Bibel beachten, die zwischen einem Geschöpf Gottes einerseits und einem Kind bzw. Sohn Gottes andererseits unterscheidet. Das verbreitete religiöse Denken vermischt diese zwei Bereiche oft und spricht von allen Menschen als Kinder Gottes. Das stimmt jedoch nicht. Gott liebt sicherlich alle Menschen, da er ihr Schöpfer ist und sie seine Geschöpfe sind. Mit einer nicht ganz exakten Ausdrucksweise könnten wir zu Recht sagen, dass er sich um alle in väterlicher Weise kümmert. In der Sprache der Bibel jedoch sind zwar alle Menschen Geschöpfe Gottes, aber nicht alle sind Kinder Gottes.

Die klassische Aussage dazu finden wir im Johannesevangelium, Kapitel 1,10-13. Es lohnt sich, diese Verse vollständig zu zitieren:

> Er (das ist der Sohn Gottes) war in der Welt und die Welt wurde durch ihn und die Welt kannte ihn nicht. Er kam in das Seine und die Seinen nahmen ihn nicht an, so viele ihn aber aufnahmen, denen gab er das Recht, Kinder Gottes zu werden, denen, die an seinen Namen glauben; die nicht aus Geblüt, noch aus dem Willen des Fleisches, noch aus dem Willen des Mannes, sondern aus Gott geboren sind.

Aus diesen Versen werden die folgenden 5 Punkte deutlich:

1. Ein Mensch ist nicht automatisch ein Kindes Gottes, weil es in diese Welt hineingeboren wurde. Um ein Kind Gottes zu sein, muss man ein Kind Gottes werden, und man kann nicht etwas *werden*, was man schon ist.

2. Die Bedingung, ein Kind Gottes werden, ist, dass man Christus aufnehmen und an seinen Namen glauben muss: denen, die Ihn aufnehmen, gibt er das Recht, Kinder Gottes zu werden.

3. Nicht alle Menschen werden Kinder Gottes, aus dem einfachen Grund, weil nicht alle Menschen Christus aufnehmen: *Er kam in das Seine und die Angehörigen seines eigenen Volkes* (d. h. die Mehrheit seiner jüdischen Zeitgenossen) *nahm ihn nicht auf.* Und heute nehmen ihn viele Menschen aus den verschiedensten Nationen nicht auf.

4. Wie man nicht ein Kind Gottes wird: Kind Gottes wird man nicht durch den gleichen Vorgang, durch den wir zuerst empfangen und dann von unseren Eltern in diese Welt hineingeboren wurden. Und auch nicht durch einen Akt, den wir durch unsere eigene Willenskraft selber vollbringen können.

5. Wie man ein Kind Gottes wird: Kind Gottes wird man, indem man von Gott gezeugt und geboren wird; Gott legt sein eigenes Leben in uns hinein.

Diese letztgenannte Beschreibung „aus Gott geboren" zeigt deutlich den Unterschied zwischen den Geschöpfen Gottes und Kindern Gottes. Gottes Geschöpfe sind durch ihn *geschaffen* worden, Kinder Gottes sind aus ihm *geboren.* Ein Elektroingenieur kann nicht durch den gleichen Vorgang ein Kind bekommen, durch den er üblicherweise einen Computer bekommt. Er stellt einen Computer her oder konstruiert ihn; aber ein Kind muss er zeugen.

Und es besteht natürlich ein riesiger Unterschied zwischen seinem Computer und seinem Kind. Der Computer kann hochentwickelt sein und wunderbar komplizierte Operationen durchführen, die weit über die Fähigkeit eines Kleinkindes hinausgehen. Aber der Computer besitzt nicht das Leben des Ingenieurs, das Kind hingegen schon. Mit diesem Leben wächst das Kleinkind auf, um sich an der Beziehung zu seinem Vater zu erfreuen, sowie an der Freude an des Vaters Leben, Liebe und Gemeinschaft. Der Computer hingegen kann nicht einmal hoffen, sich daran zu erfreuen.

Das war also die großartige Absicht, die Gott schon vor der Erschaffung der Welt in seinem Herzen hatte: Er wünschte sich Söhne und Töchter, die an seinem eigenem Leben teilhaben, ihn verstehen und sich an ihm erfreuen würden – und er an ihnen. Er wollte mit ihnen eine Gemeinschaft haben, die nur in einer Vater-Sohn- bzw. -Tochter-Beziehung des gemeinsamen Lebens möglich ist. In biblischer Sprache hört sich das so an:

> … wie er (Gott) uns in ihm (Christus) auserwählt hat vor Grundlegung der Welt, dass wir heilig und tadellos vor ihm seien in Liebe und uns vorherbestimmt hat zur Sohnschaft durch Jesus Christus für sich selbst nach dem Wohlgefallen seines Willens zum Preise der Herrlichkeit seiner Gnade, mit der er uns begnadigt hat in dem Geliebten (Epheser 1,4-6).

Hierin besteht nun der wahre Werdegang, den Gott selber für die Menschheit entworfen hat: Von der natürlichen Geburt angefangen, mit der wir als ein Geschöpf Gottes in diese zeitlich befristete Welt hinein geboren werden, über die geistliche Geburt, durch die wir ein Kind Gottes werden, während wir immer noch auf dieser Welt sind, bis wir dann letztendlich mit Gott in ewiger Gemeinschaft in seiner Welt leben.[1]

Ein leidender Gott

Das gewaltige Ausmaß dieses Vorhabens wird vor allem daran deutlich, dass sich Gott zu seiner Durchführung selbst in gewisser Weise veränderte. Der Eine, den die Christen als die Zweite Person der Dreieinigkeit bezeichnen, war nicht immer Mensch. Das Wort – so wird er genannt – war nicht immer Fleisch. Aber er wurde Fleisch und wurde Mensch, sodass erlöste Männer und Frauen ihm geistlich einverleibt werden können, wie ein natürlicher menschlicher Körper und seine Glieder Teile voneinander sind (vgl. Johannes 1,1-2.14; 17,20-26; 1. Korinther 12,12-14). Und als er wahrer Mensch wurde, litt er genau wie wir, obwohl er sündlos war. Doch gerade aufgrund dieses Leidens ist er nun unser geistlicher Wegbereiter auf unserem Weg

---

[1] Dies steht im krassen Unterschied zu dem kläglichen Werdegang, der von der darwinistischen Evolutionstheorie gelehrt wird: von einer Urzelle durch sinn- und ziellose Veränderungen zu einem Leben, das letztendlich zur Vergessenheit verdammt ist!

zur ewigen Herrlichkeit (Hebräer 2,17-18; 4,14-16; 5,7-9; 12,1-3). Gott ist kein statischer oder empfindungsloser Gott!

„Aber", könnte jemand einwenden, „was hat das alles mit dem Problem des Schmerzes und des Leidens zu tun, über das wir eigentlich diskutieren wollten?"

Ganz einfach das: Ein Kind Gottes zu werden hängt von der willentlichen Zustimmung des Menschen ab, Christus anzunehmen. Aus diesem Grund (zusätzlich zu den bisher angeführten Gründen) musste der Mensch mit einem echten freien Willen geschaffen werden, was wir als 1. Stufe bezeichnet haben. Wie bereits festgestellt, sah Gott in seiner Allwissenheit voraus, dass der Mensch seinen freien Willen schon von Anfang an dazu benutzen würde, seinen eigenen Willen gegen den Willen Gottes zu stellen, Gott ungehorsam zu sein und sich selbst und die ganze Menschheit auf einen Abweg von Gott weg zu bringen. Gott sah ebenfalls voraus, dass der einzige Weg, den Menschen zu erlösen, ihn zurückzubringen und mit der zweiten Stufe fortzufahren, folgender war: Der Sohn Gottes musste nicht allein selber Mensch werden, sondern sich selbst als stellvertretender Erlöser und Retter des Menschen opfern und die gewaltigen Kosten, Leiden, Schmerzen und Strafe für die Sünde des Menschen tragen, um somit als das Lamm Gottes die Sünde der Welt wegzunehmen. Gott sah es voraus und um seiner selbst und um der Menschen willen war er bereit, das Leiden auf sich zu nehmen, das mit dem Erreichen des Vorhabens verbunden war, das Gott sich in seinem Herzen vorgenommen hatte. Das Lamm war schon vorherbestimmt, bevor das Vorhaben überhaupt begann; ja sogar bereits vor Grundlegung der Welt (1. Petrus 1,18-21).

Zwei Beobachtungen gehen daraus hervor:

1. Wie gewaltig muss der Gewinn und die Herrlichkeit sein, sowohl für Gott selbst als auch für die erlöste Menschheit, wenn Gott selbst es für wert erachtete, Fleisch zu werden und dann am Kreuz zu leiden, um dies zu erreichen.

2. Intellektuelle Antworten auf das Problem des Schmerzes sind nötig und hilfreich. Aber was das Herz der Gläubigen be-

ruhigt und ihnen selbst Mut gibt, sich den Leiden, die Gott zulässt, zu stellen, ist die Tatsache, dass Gott nicht auf Distanz geblieben ist. Gott hat sich nicht vorgenommen sein Vorhaben zu erreichen, indem er menschliches Leiden zulässt, ohne auch selber zu leiden. Gerade weil der Sohn Gottes selbst gelitten hat und versucht wurde, kann er nun den Gläubigen helfen, wenn sie ihrerseits versucht werden (Hebräer 2,18). Und weil Gott seinen Sohn für sie in den Tod gegeben hat, werden die Gläubigen vom Geist Gottes gelehrt, diese Wahrheit in der Tiefe ihres Herzens begreifen und empfinden zu können:

> Er, der doch seinen eigenen Sohn nicht verschont, sondern ihn für alle hingegeben hat: wie wird er uns mit ihm nicht auch alles schenken? ... Christus Jesus ist es, der gestorben, ja noch mehr, der auferweckt, der auch zur Rechten Gottes ist, der sich auch für uns verwendet. Wer wird uns scheiden von der Liebe Christi? Drangsal oder Angst oder Verfolgung oder Hungersnot oder Blöße oder Gefahr oder Schwert? Aber in diesem allen sind wir mehr als Überwinder durch den, der uns geliebt hat. Denn ich bin überzeugt, dass weder Tod noch Leben, weder Engel noch Gewalten, weder Gegenwärtiges noch Zukünftiges, noch Mächte, weder Höhe noch Tiefe, noch irgendein anderes Geschöpf uns wird scheiden können von der Liebe Gottes, die in Christus Jesus ist, unserem Herrn (Römer 8,32.39).

Die Konsequenzen der menschlichen Rebellion bei der 1. Stufe

Wir müssen nun in unserem Denken zu dem zurückkommen, was wir als die 1. Stufe in Gottes Vorhaben für die Menschheit bezeichnet haben, denn der Bibel zufolge war es die Rebellion des Menschen auf dieser Stufe, die seitdem zu einem großen Teil des Leidens in der Welt geführt hat.

Wir haben gesagt, dass die erste Stufe nur ein nötiges Sprungbrett war, um Gottes wichtigere Absicht zu erreichen.

Das bedeutet jedoch nicht, dass die erste Stufe an sich keinen besonderen Wert oder Bedeutung hatte. Im Gegenteil: Die Stellung und Rolle, die Gott dem Menschen in Bezug auf den Planeten Erde gegeben hatte, war und ist immer noch im höchsten Grade edel und großartig. Der Mensch sollte Gottes Vizekönig sein, in seinem Bilde geschaffen, über die Erde gesetzt und über allem, was auf ihr ist. Als Gottes Hauptverwalter sollte er die Erde mit all ihren Ressourcen ausbauen. Dies war eine wunderbar herausfordernde sowie spannende und verantwortungsvolle Aufgabe, die nicht nur darauf abzielte, seine technischen Fähigkeiten zu entwickeln, sondern auch seinen moralischen Charakter. Trotz der Rebellion des Menschen und seiner Entfremdung von Gott gilt das immer noch, aber wenn dies in ungebrochener und beständiger Gemeinschaft mit dem Schöpfer und gemäß seiner moralischen Anweisungen ausgeführt würde, könnte die ganze Welt zu einem Paradies ausgebaut werden.

Die Bibel berichtet, dass Gott am Anfangspunkt der Menschheit einen Garten an einem bestimmten Platz auf der Erde pflanzte und seinen neu erschaffenen Vizekönig dorthin setzte. Das zeigt jedoch, dass der Rest des Planeten kein Garten war. Der menschliche Aufgabenbereich hätte den Menschen und seine Nachkommen schließlich dazu verpflichtet, hinauszugehen und das Potential des ganzen Planeten, über den ihn Gott gesetzt hatte, zu entfalten.

Diese Aufgabe wäre nicht gänzlich ohne Gefahren und mögliche Schmerzen gewesen. Das erkennen wir an der Tatsache, dass Gott in seiner Voraussicht den menschlichen Körper mit verschiedenen Schutz- und Heilungsmechanismen ausgestattet hat: mit einem Immunsystem, um Krankheiten standzuhalten und einem Blutgerinnungssystem, um Wunden zu verschließen und tödlichen Blutverlust zu stoppen. Die gesamte Schöpfung Gottes war gut, wie Gott selbst es erklärt (1. Mose 1,31). Aber sie war nicht notwendigerweise gefahrlos, es sei denn, dass man mit ihr richtig umging.

Doch der Mensch rebellierte. Er fiel zwar nicht unmittelbar

in Unmoral; es war etwas weit Grundsätzlicheres und Schwerwiegenderes. Er wurde versucht zu denken, das Leben könne noch intelligenter, schöner und zufriedenstellender entfaltet werden, wenn er es wagte von Gott unabhängig zu sein. Wie so viele entschied er sich, Gottes Warnung vor bestimmten todbringenden Einstellungen und Verhaltensweisen als einschränkenden Unsinn in den Wind zu schlagen. So verließ er absichtlich die moralische und geistliche Abhängigkeit von Gott.

Damit wurde er aber nicht der Rolle des Verwalters der Erde enthoben, doch zwei große Veränderungen traten auf.

1. *Die Schöpfung wurde von Gott der Vergänglichkeit unterworfen* (Römer 8,20). Zwei Gleichnisse werden benutzt, um dies zu beschreiben. Zuerst einmal wird die Schöpfung mit einer Frau während einer Geburt verglichen. Die Schöpfung liegt in schmerzhaften Wehen, um dieses großartige Ergebnis mit Hilfe des Menschen zur Welt zu bringen. Sie war für dazu entworfen, aber bis jetzt noch nicht imstande, es vollständig zu gebären, trotz ihrer Schmerzen und seiner Bemühungen; weil nämlich – zweitens – die Schöpfung wie ein Sklave den Banden der Verweslichkeit unterworfen ist (Römer 8,2-22). Die Bibel erklärt aber sogleich, dass diese der Natur auferlegte Bedingung nicht für immer gelten sollte. Eines Tages würde die Schöpfung befreit werden; dann wird sie ihr volles Potential entfalten und ihr herrliches Ziel erreichen.

Als der Mensch törichterweise unabhängig von Gott sein wollte, war es zu seinem Besten, dass ihm die Torheit seiner Einstellung bewusst gemacht wurde. Die Welt gehörte schließlich nicht ihm. Er hatte sie nicht erfunden. Sie gehörte ihrem Schöpfer. Wenn die Vergänglichkeit der Schöpfung den Menschen zu schaffen machte und ihm solche Schmerzen und Sorgen zufügte, dass er umkehren und sich Gott zuwenden würde, so wäre das eine gute und heilsame Sache.

Brustschmerzen, die uns warnen, dass unser Herz krank ist und wir uns darum kümmern sollten, sind gut! Und wenn die Vergänglichkeit und das Seufzen der Schöpfung die Menschheit ständig daran erinnern, dass sie sich in Auflehnung gegen

Gott befindet und mit ihm wiedervereinigt werden muss, so ist auch das gut.

2. Der Mensch selbst wurde dem Tod unterworfen (1. Mose 2,17; 3,17-24). Der Ungehorsam gegenüber dem Schöpfer und die Entfremdung von der Quelle des Lebens änderte unausweichlich den Menschen selbst, seine Haltung gegenüber Gott und der Schöpfung. Er brachte ihm auf jeder Ebene gesundheitlichen Verfall ein sowie Alterung und schlussendlich den Tod. So wunderbar die Schöpfung auch weiterhin war, so glorreich das der Mensch auch in körperlicher, seelischer, ästhetischer, intellektueller und praktischer Hinsicht auch noch ist, so musste der Mensch dennoch durch Erfahrung lernen, dass er nicht vom Brot allein leben sollte, sondern von jedem Wort, das aus dem Mund Gottes ausgeht (5. Mose 8,3; Matthäus 4,1-4). Selbst wenn es möglich wäre, alle Freuden eines leidensfreien Paradieses zu haben, ohne in einer persönlichen Gemeinschaft mit Gott zu stehen, so wäre dies eine geistliche Katastrophe.

Natürlich ist das nicht möglich. Die Entfremdung des Menschen von seinem Schöpfer und sein Ungehorsam gegenüber dessen moralischen Befehlen haben den Menschen als Verwalter der Ressourcen der Erde und ihrer Naturkräfte unbrauchbar gemacht. Das Ergebnis ist, dass es oft (wenn auch nicht immer) weder die den Naturkräfte eigene Gefahr noch die Naturkatastrophen an sich sind, die Schmerz und Tod bis zum Übermaß bringen, sondern vielmehr der Missbrauch des Menschen an diesen Kräfte und Ressourcen. Schauen wir uns einige Beispiele dazu an.

In diesem Jahrhundert entdeckte der Mensch die Möglichkeiten der Kernspaltung und später die Kernfusion. Das war eine brillante Errungenschaft des wissenschaftlichen Intellekts des Menschen. Als aber der Mensch diese Entdeckung zum ersten Mal zum Einsatz brachte, tötete er damit Hunderttausende seiner Mitmenschen. Danach bauten Ost und West jahrzehntelang unter horrenden Kosten Tausende von atomaren Sprengköpfen, ruinierten so die Wirtschaft und bedrohten sich damit gegenseitig. Hätte man diese Sprengköpfe benutzt, hätte das zu einer verheerenden weltweiten Naturkatastrophe oder gar zur vollständigen Zerstörung des Planeten geführt. Mittlerweile unbenutzt und stillgelegt, stellen diese nach und nach nuklear zerfallenden Sprengköpfe nachweislich eine tatsächliche wie auch potentielle Quelle dar für grauenhafte Missbildungen, Krankheiten und Tod.

In den vergangenen Jahrzehnten haben Hungersnöte Tausenden von Äthiopiern das Leben gekostet. Im Westen jedoch führte die Anwendung von hochentwickelten wissenschaftlichen Methoden in der Landwirtschaft dazu, dass große Berge von überschüssigem Getreide, Fleisch und Butter produziert wurden, die ungebraucht in extra dafür gebauten Lagerhallen deponiert werden mussten. Als aber Tausende von Menschen in Äthiopien scharenweise verhungerten, weigerten sich die europäischen Länder lange, etwas von dem enormen Lebensmittelüberschuss abzugeben, um die Äthiopier vor dem Hungertod zu retten. Das hätte ihre Wirtschaftslage stören können!

Die führenden Nationen geben ungeheure Geldsummen für die Rüstung aus, in der Hoffnung, ein drohender Einsatz dieser Waffen schrecke vor Aggressionen ab. Könnten die Nationen sich nur gegenseitig vertrauen, dann könnten sie dieses Geld dazu benutzen, die Erde von Armut, Plagen und Dürren zu befreien. Aber sie können und wagen nicht, sich gegenseitig zu vertrauen. Folglich bleiben Armut, Plagen und Wüsten bestehen, während weiter ungeheure Geldsummen, Intelligenz und Arbeitsstunden zur Herstellung von noch hochentwickelteren Waffen aufgewendet werden.

Die Industrie in unserer modernen Welt produziert chemische Schadstoffemissionen, die ein Loch in der Ozonschicht hervorrufen und zu einer globalen Erwärmung führen. Bleibt diese Erwärmung unkontrolliert, wird es zu schweren, weltweiten Naturkatastrophen kommen. Trotzdem weigern sich sogar einige der reichen Länder, die schädlichen Emissionen der Industrie zu vermindern. Die unersättliche Konsumgier der Bevölkerung dieser Staaten lässt das nicht zu.

Wir wissen nicht, ob unser Planet nicht ebenso gut existieren könnte ohne die inneren Kräfte und Prozesse, die zur Verschiebung der Kontinentalplatten und bisweilen zu Erdbeben und Vulkanen führen. Eines jedoch ist uns vollkommen klar: dass diese Welt dem Paradies, das sie sein könnte, weitaus ähnlicher wäre, wenn der Mensch nicht so sehr durch die Sünde verdorben wäre und seine Aufgabe als Verwalter und Haushalter der Naturkräfte und Ressourcen der Erde besser erfüllte.

Gottes Plan für die Wiederherstellung der Schöpfung

Aber es gibt Hoffnung! Wirkliche Hoffnung mit einer soliden Grundlage! Die Bibel versichert, dass die Vergänglichkeit der Schöpfung nur zeitlich befristet ist: Eines Tages wird *auch selbst die Schöpfung von der Knechtschaft der Vergänglichkeit frei gemacht* (Römer 8,21).

Die Wiederherstellung hat tatsächlich schon begonnen. Denn als der Mensch in seiner Blindheit Jesus Christus umbrachte, den Urheber des Lebens und Gottes eigener Sohn, hat Gott seinen Sohn leiblich von den Toten auferstehen lassen. Diese Auferstehung bringt Folgen für die ganze Schöpfung mit sich.

Die Bibel sagt, dass der auferstandene Christus der Erstling der Entschlafenen ist (d. h. der Menschen, die gestorben sind). Die gesamte Ernte, deren Erstling Christus ist, wird aus den Erlösten der verschiedenen Jahrhunderten bestehen, vom Beginn der Zeit an (1. Korinther 15,20-28). Die Schöpfung selbst wird von der Knechtschaft der Vergänglichkeit befreit werden (Römer 8,21). Es wird dann einen neuen Himmel und eine neue Erde geben (2. Petrus 3,13; Offenbarung 21,1). Und wer weiß, wie viele weitere Vorhaben der Gott aller Genialität und schöpferischen Macht danach beginnen wird?

„Aber warum müssen wir so viele Jahrhunderte auf diese versprochene Wiederherstellung warten?", fragt jemand. „Ist nicht der wahre Grund für dieses Versprechen, dass es niemals mehr als ein Wunschdenken von religiösen Menschen war?"

Dies ist sicherlich nicht der Grund, den die Bibel selbst für diese Verzögerung nennt. Sie sagt, dass die Wiederherstellung der Schöpfung auf *die Offenbarung der Söhne Gottes wartet* (Römer 8,21). Welchen Sinn hätte es, wenn Gott die Schöpfung wiederherstellen würde, um sie dann wieder, genau wie zuvor, in die Hände von schwachen und sündigen Menschen zu geben? Mit anderen Worten: Die Schöpfung wartet auf die Beendigung der 2. Stufe von Gottes Plan, wie wir es nannten. Sie wartet auf die Kinder Gottes und deren Entwicklung zu vollständig erwachsenen Söhnen Gottes (Kolosser 1,28; 1. Johannes 3,1-2), die imstande sind, die Verwaltung des neuen Himmels und der neuen Erde als Christi Stellvertreter zu übernehmen (Kolosser 1,13-20; Epheser 1,9-10.19-23).

Die 1. Stufe in diesem Prozess war, dass die von Gott geschaffenen Menschen zu Kindern Gottes werden. Das bedeutet jedoch nicht, dass sie danach von den Leiden befreit sind, die andere Menschen, die keine Kinder Gottes sind, normalerweise erleben. Die Bibel sagt: *Sondern auch wir selbst, die wir die Erstlingsgabe des Geistes haben, auch wir selbst seufzen in uns selbst und erwarten die Sohnschaft: die Erlösung unseres Leibes* (Römer 8,23). Diese Gläubigen werden vielleicht sogar feststellen, dass sie sich als Kinder Gottes noch zusätzliches Leid in Form von Verfolgung und sogar Tod um Christi zuziehen (Johannes 15,18 – 16,4; 1. Johannes 3,13-16), wie es Christen zu allen Zeiten in totalitären Ländern sehr oft erlebt haben. Außerdem gibt es noch ein zusätzliches Problem für die Gläubigen, nämlich das Missverhältnis in der Verteilung des Leidens.

Missverhältnisse im Ausmaß des Leidens

Ob es um das Leiden geht, welches durch das Böse des Menschen und sein ungerechtes Verhalten gegenüber seinem Nächsten entsteht oder um das Leiden, das durch Unfälle, Krankheiten oder Naturkatastrophen kommt – einige Menschen leiden bedeutend mehr als andere. Es ist nicht nur das Leiden selbst, das sie überwältigt, sondern auch das Gefühl, dass es schrecklich ungerecht ist, dass sie so viel leiden und andere Menschen so wenig. „Warum ich?", fragen sie.

Die Bibel erkennt natürlich dieses Problem und gesteht ein, dass es ein Aspekt des Leidens ist, das Vertrauen der Gläubigen auf Gott bis aufs Äußerste zu prüfen. Der Schreiber des 73. Psalms z. B. glaubte an Gott, aber er gibt zu (Verse 2ff), dass sein Vertrauen auf Gottes Gerechtigkeit fast zerbrach, als er feststellte, dass allzu oft die bösen, skrupellosen und brutalen Menschen erfolgreich, gesund und wohlhabend sind, während damit verglichen viele gute Menschen sehr leiden (Verse 3-4). Ganz ähnlich gelagert ist der Fall Hiobs, dessen Geschichte wir im Alten Testament lesen. Hiob war ein Gläubiger und ein Mensch mit außergewöhnlichen Charakter und sozialem Empfinden. Und doch erlitt er kurz nacheinander eine Reihe von Naturkatastrophen, abscheulichen Krankheiten und seelischen und körperlichen Qualen. Dies ging weit über das hinaus, was sonst bösartige Menschen normalerweise durchmachen. Sein Vertrauen auf die Liebe und Gerechtigkeit Gottes wurde fast völlig zerstört, wenngleich es zu guter Letzt dennoch triumphierte.

Nun lenkt die Bibel nicht unsere Aufmerksamkeit auf diese Probleme, ohne darauf Antworten zu geben. Zwei Dinge sollten wir jedoch beachten. 1.) Die Bibel versucht nicht, schon jetzt eine vollständige und endgültige Antwort auf diese Probleme zu bieten. Es liegt in der Natur der Dinge, dass eine solche Antwort erst dann gegeben werden kann, wenn die ganze Geschichte mit ihrer schier unendlichen Komplexität ihr Ziel erreicht hat und die Einzelheiten jedes Menschenlebens im Licht des Gesamtzusammenhangs wie auch der sichtbaren ewigen Ergebnisse beachtet werden können. 2.) Während uns die Bibel zwar einige Antworten gibt, die unseren Intellekt befriedigen, konzentriert sie sich doch in erster Linie auf die Antworten, die zu unseren Herzen sprechen. Denn das Hauptziel der Bibel ist in diesem Zusammenhang, unser Vertrauen auf Gott zu stützen und uns zu ermutigen, bis uns beim Endgericht Gottes Wege vollständig erklärt und gerechtfertigt werden. (Erinnern wir uns an den Beginn des 3. Kapitels, was die

Eltern für das leidende Mädchen tun mussten, das an einer Wirbelsäulenverkrümmung litt?)

Natürlich werden sich die zum Herzen sprechenden Antworten bei den Menschen als besonders wirksam erweisen, die bereits die Liebe Gottes in Christus als eine Realität erfahren haben, bevor sie mit Leiden konfrontiert werden. Bei Atheisten, deren Unglauben niemals eine persönliche Erfahrung von Jesu Liebe zugelassen hat, werden diese Antworten nicht unbedingt irgendwie ins Gewicht fallen. Doch das verdeutlicht nur wieder die Trostlosigkeit der atheistischen Position, die ihre Anhänger dazu zwingt, das Missverhältnis in der Verteilung des Leidens anzuerkennen als lediglich eine weitere irrationale Folge eines grundsätzlich irrationalen, amoralischen und letztendlich ungerechten und hoffnungslosen Universums.

Bei den Gläubigen verhält es sich anders. Wenn es zu den ungerechtem Leiden kommt, das ihnen von bösen Menschen zugefügt wird, dann wagen sie es, sich auf Gottes Verheißung zu verlassen. Dieses Versprechen, das durch Gottes Charakter garantiert und durch die Auferstehung von Christus bestätigt wird, besagt, dass es ein Endgericht geben wird, bei dem alles Unrecht gerichtet wird. Wie der Schreiber des 73. Psalms denken diese Gläubigen an das letztliche Ende des bösen Menschen und trotz der Leiden der Gläubigen und des offensichtlichen Wohlergehens der bösen Menschen würde der Gläubige nicht einmal jetzt um keinen Preis seinen Platz mit diesen Menschen eintauschen (Psalm 73,17ff).

Zudem überrascht es Christen nicht, wenn sie wesentlich mehr als gewöhnliche Bürger unter der Machenschaft von bösen Menschen zu leiden haben, wie z. B. in den schlechten Zeiten der UdSSR geschah, die nun glücklicherweise vorbei sind, und es in vielen anderen Ländern immer noch der Fall ist. Denn Christen wissen von Anfang an, dass sie dazu berufen sind, dem Beispiel von Christus nachzufolgen *der keine Sünde getan hat, noch ist Trug in seinem Mund gefunden worden, der geschmäht nicht wieder schmähte, leidend nicht drohte, sondern sich dem übergab, der gerecht richtet* (1. Petrus 2,21-23).

In der Zuversicht, dass Gott beim Endgericht für Gerechtigkeit sorgen wird, nahm Jesus das Leiden an, das die verdorbenen Menschen ihm zufügten. Und noch mehr: Er betete für seine Henker und erlitt die Strafe der Sünden aus der Hand Gottes für sie, damit alle gerettet werden können, die es möchten.

Christen sind daher ihrerseits dazu aufgefordert, um Jesu Christi, ihrem Retter willen zu leiden, indem sie mutig ihren Glauben an ihn bezeugen. Sie sollen ebenfalls um ihrer Mitmenschen willen leiden, da sie Gottes Angebot des Friedens und der Vergebung in eine Welt tragen, die im Grunde ihres Herzen Gott gegenüber feindlich eingestellt ist. Die Christen sehen in solchem Leiden keinen Grund zum Zweifel an Gottes Liebe und seiner Gerechtigkeit sondern sehen es vielmehr als eine Bestätigung von Christi Vorwarnung (Johannes 15,18–16,4) sowie als Ehre an (Matthäus 5,10-12; Apostelgeschichte 5,40-42; 1. Petrus 4,12-14).

Was hat es aber mit den anderen Arten des Leidens auf sich, das nicht von böswilligen Menschen stammt, sondern von natürlichen Ursachen wie z. B. Unfälle, Katastrophen, Krankheiten, Todesfälle und Ähnliches? Die Bibel gibt keine Erklärung, warum manche Gläubige unverhältnismäßig mehr leiden als andere. Sie greift jedoch einen solch extremen Fall wie den Hiobs heraus und verdeutlicht daran, wie Gott dieses Leiden zugelassen und benutzt hat zu zeigen, dass Hiobs Glaube echt war, um diesen Glauben zu reinigen und stärken und ihn dann noch zu vertiefen. Die Bibel erklärt, dass der Glaube wie Gold ist (1. Petrus 1,6-7). Ein wertvoller Klumpen von echtem Gold wird trotzdem noch Unreinheiten enthalten. Der Goldschmied wird ihn deshalb in seinen Schmelztiegel geben, um die Schlacke zu beseitigen. Der Goldklumpen wird dann noch kostbarer sein. So muss sich auch der Glaube als ungeheuchelt und echt erweisen (2. Timotheus 1,5). Er muss gereinigt werden, damit wir Gott um seiner selbst willen lieben und vertrauen – und nicht nur wegen der Vorteile, die wir von ihm erhalten (Hiob 1,9). Außerdem kann die Quantität des Glaubens unterschiedlich sein (klein oder groß, siehe Matthäus 14,31;

15,28) wie auch seine Qualität (schwach oder stark, siehe Römer 4,19-20). Und wie Muskeln im menschlichen Körper wächst und erstarkt der Glauben, indem er geübt und in zunehmend schwieriger werdenden Situationen auf die Probe gestellt wird. Gott erklärt uns nicht, warum er manche seiner Kinder durch anscheinend unverhältnismäßig schwere Prüfungen gehen lässt. Nur die bevorstehende Ewigkeit wird dies zum Vorschein bringen, wenn die Ergebnisse dieser Prüfungen offenbar werden. Die Bibel versichert uns (1. Petrus 1,7), dass sich für alle Glaubensprüfungen, ob klein oder schwer, erweisen wird, dass sie Lob, Ehre und Herrlichkeit hervorgebracht haben. Dies wird geschehen, wenn Jesus Christus bei seiner Wiederkunft geoffenbart wird. Je größer die Prüfung war, desto größer werden Herrlichkeit und Ehre sein.

Hier auf der Erde vollbringt ein ausgebildeter Sanitäter einen sehr wertvollen Dienst. Er hat jedoch nicht die gleichen schwierigen Prüfungen zu bestehen wie ein Medizinstudent. Alle paar Monate werden Flugzeugpiloten in einem Simulator in alle erdenklichen, haarsträubenden Notfallsituationen gebracht, um ihre Fähigkeiten so weit zu testen, bis selbst starke Männer unter Tränen zusammenbrechen. Aber niemand macht sich darüber Kopfzerbrechen, warum ihre Prüfungen so enorm viel schwieriger sind als die eines Fahrschülers. Jesus zufolge wird die Stellung und Verantwortung in seinem kommenden Reich zum Teil von dem Leiden seiner Jünger hier auf Erden abhängen (Markus 10,37-39). Je größer das Leiden, desto größer die letztendliche Stellung und Verantwortung.

Die beste Herangehensweise an das Problem des Leidens

In den letzten zwei Kapiteln haben wir viel Zeit – manche werden es als zu viel empfunden haben – dafür aufgewendet, die verschiedenen mit dem Leiden verbundenen Probleme zu betrachten und zu durchdenken. Der beste Herangehensweise ist jedoch nicht, zuerst all unsere Probleme selbst zu lösen versuchen und dann zu unserem Schöpfer kommen und unseren Glauben auf ihn zu setzen. Wir sollten vielmehr zuerst zu unserem Schöpfer kommen und unseren Glauben auf ihn setzen und uns dann von ihm helfen lassen, unsere Probleme zu durchdenken.

In einem hilfreichen Gleichnis berichtet uns die Bibel, dass wir alle wie Schafe sind, die einen Hirten brauchen. Und unser Schöpfer hat uns einen großen und guten Hirten gegeben, der sein eigenes Leben für die Schafe gelassen hat. Er ist aus dem Tod auferstanden und garantiert allen seinen Schafen eine ewige Sicherheit, die weit über die wenigen, kurzen Jahre unseres Lebens hier auf der Erde hinausgeht (Johannes 10). Er weiß, wie er *unser Haupt mit Öl salbt* und uns *ohne Furcht durch das Tal der Todesschatten führt* um uns dann *lebenslang ins Haus des Herrn* zu bringen (Psalm 23). Wenn wir uns bis dahin ganz eng an ihn halten, werden wir Ruhe für unsere Herzen und Linderung für unsere Sorgen finden, noch während wir auf die endgültigen Antworten auf unsere Probleme warten müssen.

Eine letzte Gegenüberstellung

Wir haben schon mehrmals darauf hingewiesen, dass der Atheismus keine Hoffnung anzubieten hat. Aber der Atheist ist noch viel schlimmer dran. Seine Weigerung bzw. Unfähigkeit an Gott zu glauben bedeutet nicht, dass es Gott nicht gibt. Der Atheist glaubt, dass mit dem Tod für den Einzelnen alles endet, dass es kein Leben nach dem Tod gibt. Aber sein Glaube bewirkt nicht, dass es so ist. Tod bedeutet nicht Vernichtung. Nach dem Tod kommt das Gericht (Hebräer 9,27-28). Jesus Christus starb, damit alle, die umkehren und glauben, gerettet werden können und schließlich in Gottes Himmel hinein können. Aber sein Tod geschah nicht ohne Grund. Ungerettet zu sterben ist nicht das Ende des Leidens; es ist der Beginn der ewigen Qual, für immer von der Gegenwart Gottes ausgeschlossen zu sein. Selbstmord ist auf keinen Fall eine Antwort auf das Leiden. Für den Ungläubigen ist der Tod, Jesu eigener Aussage zufolge, die Eingangstür zu ewigen Qualen (Lukas 16,19-31). Es liegt in der Natur der Dinge, dass dies nicht anders sein kann.

Im Gegensatz dazu ist Leiden jeglicher Art für den Gläubigen niemals rein destruktiv. Es ist einer der Prozesse, durch die Gott jene, die seine Kinder geworden sind, zur moralischen und geistlichen Reife erwachsener Söhne Gottes umgestalten kann (Hebräer 12,1-13; Jakobus 1,2-4; 1. Petrus 1,6-7). Wir brauchen nicht so zu tun, als ob sich die Gläubigen über das Leiden freuten, doch sie lernen sich die Einstellung anzueignen, die der Apostel Paulus zum Ausdruck brachte:

> Deshalb ermatten wir nicht, sondern wenn auch unser äußerer Mensch aufgerieben wird, so wird doch der innere Tag für Tag erneuert. Denn das schnell vorübergehende Leichte der Drangsal bewirkt uns ein über die Maßen überreiches, ewiges Gewicht von Herrlichkeit, da wir nicht das Sichtbare anschauen, sondern das Unsichtbare; denn das Sichtbare ist zeitlich, das Unsichtbare aber ewig (2. Korinther 4,16-18).

Außerdem bekommt für die Kinder Gottes der körperliche Tod einen anderen Aspekt. Gläubige freuen sich nicht über den Prozess des Sterbens und sie brauchen das auch nicht vorzutäuschen. Aber sie fürchten weder den Tod selbst noch das Danach. Christus hat für sie die Angst des Todes gebrochen (Hebräer 2,14-15). Den Körper zu verlassen bedeutet für sie *in der Gegenwart des Herrn zu sein* (2. Korinther 5,1-8).

Der Gläubige befindet sich daher in der besten Lage, die wahren Werte des Lebens zu sehen und dann dementsprechend zu handeln. In diesem Leben gibt es einige Werte, die wichtiger sind als das körperliche Leben selbst. Der höchste dieser Werte ist die Treue zur Wahrheit, zum Schöpfer, zum Sohn Gottes, zum Heiligen Geist und die Treue zu allen anderen moralischen und geistlichen Verpflichtungen, die daraus resultieren. Wer glaubt, dass mit dem körperlichen Tod alles zu Ende ist, wird sich an dieses Leben klammern. Darum wird er versucht sein, Kompromisse mit der Wahrheit einzugehen, obwohl er sie kennt.

Werner Gitt
Und die anderen Religionen?

160 Seiten
DM 3.80
ISBN 3-89397-146-7

In einer Zeit, in der man sich vom »Dialog zwischen den Religionen« und von »Toleranz und Verständigung« viel für die Zukunft unseres Planeten verspricht, bietet dieses Buch eine wertvolle Orientierung. Es geht um die Frage: »Es gibt so viele Religionen. Sind alle falsch, gibt es eine richtige oder führen letztlich doch alle zum Ziel?«

Der Autor zeigt anhand des Themas »Erfindungen«, dass letztlich auch die Religionen menschliche Erfindungen sind und nicht zu Gott und ewigem Leben führen können. Der Unterschied zwischen Religiösität und lebendigem Christsein, zwischen Religion und Evangelium, wird sehr deutlich herausgestellt.

clv

Taschenbuch

cLv

Arthur E. Wilder-Smith
Wer denkt muss glauben

Taschenbuch

64 Seiten
DM 2.80
ISBN 3-89397-798-8

»Schuhe und Verstand draußen lassen!« Ist diese Forderung, die an die Jünger und Verehrer Bhagwans gestellt wird, auch erforderlich, wenn es um den Glauben an einen Schöpfergott geht? Ist der Glaube eine Sache des Gefühls oder spielt der Verstand auch eine Rolle?

Welcher Zusammenhang besteht zwischen dem, was wir denken, und dem, was wir glauben? Ist der Glaube an den Gott der Bibel irrational oder das einzig Vernünftige?

Der bekannte Naturwissenschaftler und Autor dieses Buches macht deutlich, warum der Glaube rational begründet sein muss. Er zeigt, dass die Überzeugung von einem persönlichen Schöpfergott, mit dem man in Verbindung treten kann, mit unserem Verstand und unserer Logik in Einklang steht.